友だち幻想

人と人の〈つながり〉を考える

菅野仁 Kanno Hitoshi

★——ちくまプリマー新書

079

目次 ＊ Contents

はじめに――「友人重視指向」の日本の高校生

こんな調査があります。

日本、アメリカ、中国、韓国《かんこく》の高校生に、「若いうちにぜひやっておきたいことは何ですか」という質問をしたところ、日本の高校生は、「一生つきあえる友人を得たい」とか「いろいろな人と付き合って人間関係を豊かにしておきたい」と答える人がかなり高い割合になったそうです（日本青少年研究所『高校生の意欲に関する調査』）。

もちろん他の国の高校生も「友だちは大事だ」という意識は強いのですが、そのほかにも「偉《えら》くなりたい」とか「自分をみがきたい」という、未来に対してアグレッシブな意見が多く見られます。それに比べて日本の高校生は「偉くなりたいとは思わない」「そこそこ生活できればいい」という将来に対する醒《さ》めた意識が他の三国に比べて目立つ一方で、「友人重視指向」の傾向《けいこう》が突出《とつしゅつ》して高いのです。

でもその一方で、現実には友だちをめぐるいろいろな悩《なや》みや問題を抱《かか》えた人も多いのではないでしょうか。いじめや引きこもりが社会問題として注目をあびてから、ずいぶん時間が経《た》っています。言ってみれば、日本の若者は、人と人とのつながりをとても重視していると同時に、人とのつながりをどのように築《きず》き上《あ》げたらよいのかという問題について悩み、人とのつながりに自信を持てなくなっているのではないでしょうか。

友だちの数は多いはずなのになぜか寂《さび》しい。このところ友だち付き合いに疲れている。新しい友だちは作りたいけど、なんとなくこわい。あるいは、彼氏や彼女がいても、その関係がしっくりこない人や、親子の仲がうまくいっていない人、大事な仲間と価値観が合わずに悩んでいる人もいるでしょう。

友人や親しい人との関係を大切にしているという調査結果とは裏腹に、最近こういう人たちが増えているように思います。

身近な人との親しいつながりが大事だと思っていて、そのことに神経がすり減るぐらい気を遣《つか》っている。なのにうまくいかないのは、なぜなのでしょうか。

友だちが大切、でも友だちとの関係を重苦しく感じてしまう。そうした矛盾《むじゅん》した意識をつい持ってしまうことはありませんか。

こうした問題を解きほぐして考え直すためには、じつは、これまで当たり前だと思っていた「人と人とのつながり」の常識を、根本から見直してみる必要があるのではないかと私は思うのです。

タイトルに**「友だち幻想《げんそう》」**とつけたのもそのためです。

知らず知らずのうちに、私たちはさまざまな人間関係の幻想にとらわれているのではないか。固定した思《おも》い込《こ》みにとらわれているために、ちょっと見当はずれな方向に気をつかいすぎて、それで傷ついたり途方《とほう》に暮れたりしているのではないでしょうか。

だから、今まで無条件にプラスの方向、無条件に良いものと考えられてきた「身近な人とのつながり」や「親しさ」のあり方について、ここであらためて腑分《ふわ》けをして、きちんと考えてみようと思うのです。

この本は、身近な人たちとのつながりを見つめなおし、**現代社会に求められている**

「親しさ」とはどのようなものであるかをとらえ直すための、**「見取り図」**を描《えが》こうとしたものです。

私たちが自分にとってとても大切だなと考える問題に出会った時に役立つ見取り図とはどのようなものでしょうか。それはまず、大事な問題を「きちんと腑分けして考える」ためのヒントを与《あた》えてくれるものです。重要なテーマをきちんと分けて考える、本書のテーマに即《そく》せば、「友だち」とか、「親しさ」についてどのように考えるのかというテーマときちんと向き合うために、考え方の方向性や考えるためのキーワード群から構成されている見取り図を示してみたいのです。そうした考え方の方向性やキーワードを理解してもらって、後は読者の皆《みな》さんが自分の体験に即して具体的に考えてもらえばいいと思います。私がこれから本書で提示する見取り図を参考にして、今度は皆さん自身が「友だち」や「親しさ」について考えを深めてみる。そうすると、ごちゃごちゃといろいろ考えあぐねてこんがらがっていたことが、すっと解けるように見えてくることがあると思うのです。

ですからこうした問題を考えるためには、私はこの本でキーワードをいろいろと提示したり、そのキーワードにしたがって問題を整理していこうと思います。

私は社会学者なので私の専門である社会学の手法や考え方を使って、そこに私自身の考えを加えて、考察を進めました。でも面倒くさいデータや、難解な専門用語は、ほとんど出てきません。ですので、「友だち」のことでいままさに悩んでいる、若い読者の皆さんにぜひ読んでほしいと考えています。

もちろん、親御《おやご》さんや先生方、一般《いっぱん》の方にも参考になるように書いたつもりです。

本書が、**人と人とのつながり**について改めて見直すきっかけになればと願っています。

第1章　人は一人では生きられない？

一人でも生きていける社会だからこそ〈つながり〉が難しい

「人は一人では生きていけない」

皆《みな》さんは先生やご両親から、よくこうした言葉を聞かされたことはありませんか。テレビドラマなどでもこんなセリフをよく耳にします。「たしかにそうだな、人間一人では生きていけないな」、とこの言葉に素直に納得する人もいるかもしれません。でも反対に「ホントにそうかな。なんかしっくりこないな。人はじつは一人でだって十分生きていけるんじゃないかな」と思う人だっているでしょう。

皆さんはどう思われるでしょうか。

この問いに関する答えの傾向《けいこう》としては、こんな予想が立てられます。年齢《ねんれい》が上になればなるほど、そして暮らしている場所が地方であればあるほど、「人は一人では生きていられない」と答える可能性が高い。そして若い年代でしかも都会暮らしであればあるほど、「案外人間は一人で生きていけるのではないか」と答える割合が多いのではないかと。もちろん都会暮らしの若者すべてが「一人でも生きていられる」と考えるわけではないでしょう。しかし全体的にはこうした傾向が見られるのではないかと思われます。

人と人との〈つながり〉の問題を考える最初の出発点として、人は本当に一人では生きられないのか、それとも、まあそれなりに生きていけるのかといった問いを立ててみましょう。

かつての日本には「ムラ社会」という言葉でよく表現されるような地域共同体が存在していました。「ご近所の人の顔と名前はぜんぶわかる」といった集落がそれですね。これは、何も地方の農村や漁村だけに限ったことでなく、東京のような都会にだってあったのです。『ALWAYS　三丁目の夕日』――映画ですから描《えが》き方《かた》にはフィクションの要素も多分に入っているとはいぇ――のように、近所に住む住人同士の関係が非常に濃密な「ご町内」が、昭和四〇年くらいまでの日本には確かにありました。

そんな「ムラ社会」が確固として存在した昔であれば、これは明らかに「一人では生きていけない」ということは厳然とした事実でした。

なにより、食料や衣類をはじめ、生活に必要な物資を調達するためにも、仕事に就くにしても、いろいろな人たちの手を借りなければいけなかったからです。こうした、物理的に一人では生活できない時代は長く続きました。だから村の交際から締《し》め出《だ》されてしまう「村八分」というペナルティは、わりと最近まで死活問題だったわけです。

ところが近代社会になってきて、貨幣《かへい》（＝お金）というものが、より生活を媒介《ばいかい》する手段として浸透《しんとう》していくと、極端《きょくたん》な話お金さえあれば、生きるために必要なサービスはだいたい享受《きょうじゅ》できるようになりました。

とりわけ、今はコンビニなど二十四時間営業の店も増え、思い立った時にいつでも生活必需品《ひつじゅひん》は手に入れられるし、ネットショッピングと宅配を使えば、部屋から一歩も出ずにあらゆるサービスを受けることも可能になっています。働くにしても、仕事の種類によってはメールとファックスで全部済んでしまう場合だってあります。

このように、一人で生きていても昔のように困ることはありません。生き方としては、「誰《だれ》とも付き合わず、一人で生きる」ことも選択可能なのです。

ある意味で、「人は一人では生きていけない」ということれまでの前提がもはや成立しない状況《じょうきょう》は現実には生じているといえるのです。

さて、こうした現代的状況を目の前にして私が言いたいのは、「だから、一人でも生きていけるんだよ」ということではありません。みんなバラバラに自分の欲望のおもむくままに勝手に生きていきましょうといったことでもありません。「一人でも生きていくことができてしまう社会だから、人とつながることが昔より複雑で難しいのは当たり前だし、人とのつながりが本当の意味で大切になってきている」ということが言いたいのです。つながりの問題は、こうした観点から考え直したほうがよさそうです。

今の私たちは、お金さえあれば一人でも生きていける社会に生きています。

でも、普通の人間の直感として「そうは言っても、一人はさびしいな」という感覚がありますね。本当に世捨て人のような生活が理想だという人もいないわけではありませんが、たいてい、仮にどんなに孤独癖《こどくへき》の強い人でも、まったくの一人ぼっちではさびしいと感じるものです。

ではなぜ一人ではさびしいのでしょうか。やはり親しい人、心から安心できる人と交流していたい、誰かとつながりを保ちたい。そのことが、人間の幸せのひとつの大きな柱を作っているからです。だからほとんどの人が友だちがほしいし、家庭の幸せを求めているわけです。

あの人と付き合うと便利だとか便利じゃないとか、得だとか損だとかいった、そういった利得の側面で人がつながっている面もたしかにあるけれども、しかし人と人とのつながりはそれだけではないわけです。

だから、「人は一人でも生きていけるか」という問いに対する私の答えは、「現代社会において基本的に人間は経済的条件と身体的条件がそろえば、一人で生きていくことも不可能ではない。しかし、大丈夫、一人で生きていると思《おも》い込《こ》んでいても、人はどこかで必ず他の人々とのつながりを求めがちになるだろう」です。

「親しさを求める作法」が、昔とは違《ちが》う

誰でも、「人と親しくなりたい」、「人と人とのつながりの中で幸せを感じたい」と願うものです。本質的に人間は、つながりを求めるものなのです。

しかし、現代は、それを求めることによってかえって傷ついたり、人を追い詰めたりするような状況に陥《おちい》ることがあります。この本を手に取った皆さんだって、少なからずそんな経験をしたことはあるでしょう。

どうしてそうなってしまうのでしょう。

一つには、「親しさを求める作法」が、いまだに「ムラ社会」の時代の伝統的な考え方を引きずっているからなのだと私は考えています。

じつはご年配の方はもちろん、意外なことに若い人の中にも、その「古い作法」を引きずっている人は結構多いのです。むしろ若い人のほうが、「古い作法」に強く純粋《じゅんすい》に従っている傾向があるかもしれません。

ある程度社会経験を重ねれば、のらりくらりとかわせることも、若い人は真正面から受け止めてしまいがちです。中学、高校などの部活動における先輩 - 後輩の関係の作り方などをみていると、そう感じることがあります。一歳か二歳しか違わないのに、かなり厳しい上下の関係を守っている場合がありますね。だから辛《つら》いし、ときとして爆発《ばくはつ》してしまうこともあるのではないでしょうか。

私たちはある種の共同体的なつながりや関係の中で培《つちか》ってきた、とりわけ日本人的な親しさの作法をお手本にし続けています。そこには確かに、損得を超《こ》えて人を全面的に包み込むような温かみや情愛の深さを受《う》け継《つ》いでいる面もあるかもしれません。だから無下《むげ》に否定してしまうわけにはいかないという側面が確かにあります。しかし、みんな同じような職業や生活形態を前提とするムラ的な共同体の作法では、もはや親しさを維《い》持《じ》することはできないほど、私たちの置かれている状況は以前とはすっかり変わってしまったと考えた方がいい。ムラ的な伝統的作法では、家庭や学校や職場において、さまざまに多様で異質な生活形態や価値観をもった人びとが隣《とな》り合《あ》って暮らしているいまの時代にフィットしない面が、いろいろ出てきてしまっているのです。そろそろ、同質性を前提とする共同体の作法から、自覚的に脱却《だっきゃく》しなければならない時期だと思います。このことは、これを読んでくれる若い人たちにもあてはまるだろうし、何よりもいまの学校の先生や、親御さんにも、ぜひご理解をして頂きたい大事な側面だと私は考えています。

基本的な発想として、共同体的な凝集された親しさという関係から離《はな》れて、もう少し人と人との距離感を丁寧《ていねい》に見つめ直したり、気の合わない人とでも一緒にいる作法というものをきちんと考えたほうがよいと思うのです。人と人とのつながりについて、基本的な発想の転換《てんかん》を試みてみようと思うのです。そのことが本書の重要なテーマとなっているのです。

第2章　幸せも苦しみも他者がもたらす

二種類の人と人とのつながり

人間は、さまざまな人とのつながりの中に、一体何を求めているのでしょうか。この大切な問題を考えるための基礎《きそ》作業として、最初に人とのつながりについて少しつっこんだ考察を加えてみましょう。

一口に人と人とのつながりといっても、大きくいって二つの種類が考えられるのです。一つは人とつながる、つまり人間関係を作ることによって、自分にとっての利得や利益といったものを得ようとする場合、つまりつながることそのものに目的があるのではなく、目的はあくまでつながりの外にある場合です。お金儲《かねもう》けのため、自分の出世のためなどに人と関係を作っていこうとする場合が考えられます。

もう一つは人とつながることそのものが目的であるような場合です。この人といると何となく楽しい、気が合う、ホッとするといった友だちとの関係、あるいは親子に代表される家族の関係などは、損得や利害を超《こ》えたつながりといえます。

もっともつながりのこの二つの性質は、現実の生活においては重なっている場合も多いのです。友だち関係をよくすることで試験の時にポイントを教えてもらえるとか、仕事上の付き合いなのだけれど、とてもウマが合うのでいつのまにか親友のように話ができるようになるとか、いろいろ考えられます。けれど人間関係の本質をきちんと考えなおすためには、この二種類のつながりをいったんは概念的《がいねんてき》に区別して考えた方がいいのです。

そして第二のつながりの性質、つまりつながりそのものが目的となるような人間関係の本質を、この本では「交流」というキーワードで言い表わそうと思います。

人は一人でも生きていけるが、一人だけではなんとなく空《むな》しい

さて、私たちは人と人とのつながりにおいて、いったい何を求めているのでしょうか。それはやはり「幸せ（幸福）」になることである、と私は考えています。ただし一言で「幸せ（幸福）」といっても、人とのつながりをいわば利用し手段とすることによって自分（だけ）の幸福を求めようとする場合もあれば、人とつながることそのものを味わう、つまり人との心からの交流を求めることによって、「幸せだなあ」という実感を得ようとする場合がありますよね。

人間にはいろいろな考え方はあるけれども、やはり自分が、さらに自分の周りの人も含《ふく》めて幸せになりたいということが、「生きる」ということの一番の核《かく》となっているのだと私は思うのです。さらにいえば、自分一人だけで幸せを得るよりも、身近な人たちを中心にできれば多くの人と幸せを感じることができれば、その方が人はより大きな幸福を味わえたことになるのではないでしょうか。

日ごろはあまり、「幸せとは何か」などと意識はしないし、恥《は》ずかしくてそういうことを人と話したりはしないかもしれません。

だからこそ、あえて、「幸福って何だろう」という、人に直接語るのはちょっと気恥しい感じがする、でも人間にとってとても大切な問題について考えてみたいと思います。

誰《だれ》でも「この学校に行きたい」とか、「こういう仕事に就きたい」とか、「こういう人と結婚《けっこん》したい」ということは考えたことがあるでしょうし、そんな将来の夢を、友だちと語り合ったこともあるでしょう。それは、結局のところ「私はどうやったら幸福になれるんだろう」ということを、具体的な形として表現し、追求しようとしたものなのです。

この、人間の「幸福の具体的な形」は人それぞれ、いろいろ多種多様です。

ある人にとっては、たとえば歌手になって、テレビやステージでたくさんの聴衆《ちょうしゅう》を前に自己を表現することが幸福なのかもしれません。でもある人にとっては、人前に出て歌うなんてまっぴらだ、という人もいるでしょう。自分が目立つことをしたい人もいれば、裏方に徹《てっ》して陰《かげ》で何かを支えることに幸福を感じる人だっているのです。

人によっていろいろなタイプがありますから、一言で「これが幸福の形だ」という、具体的な形をあげることは不可能でしょう。

ただ、さまざまある幸福の形から、グッと本質を抽出《ちゅうしゅつ》してくることは可能なのです。つまり、いろいろな幸福の形はあるのだけれども、どんな形にもそれぞれに共通する本質を取り出してみることはできると私は考えているのです。

人間の幸福にとって本質的なもの、それは結局二つのモメント（契機《けいき》）に絞《しぼ》られると私は考えています。そして、その二つのモメントしか、幸福を語るときの大事な核はないのではないかと思うのです。

「自己充実《じゅうじつ》」——幸福のモメントその一

ひとつが「自己充実」というモメントです。これは「自己実現」という言葉でも言いあらわすことができます。つまり自分が能力を最大限発揮する場を得て、やりたいことができることです。これはとても大きな幸福に違《ちが》いありません。

天職という言葉がありますが、これは英語ではcallingといいます。「これをやるのは君だよと、呼ばれた仕事」なわけですね。呼ぶのは「天の声」、つまり神様ですね。天から与《あた》えられた、「天与《てんよ》の資質」などという言い方もあります。そんな、天から与えられた才能を発揮できてそれが仕事になっている場合、これはいかにも幸福なのではないでしょうか。大リーガーのイチローや、ちょっとマイナーかもしれませんが女子のアマチュアレスリングの吉田沙保里《よしださおり》選手（アテネ五輪を含め、二〇〇二年から五年連続で世界大会を制覇《せいは》）などをみていると、こうした「天職」といったものを感じますね。

そこまでいかなくても、「これは自分に向いてるな」「やっていて楽しいな」と思えることに自分の能力が発揮できていれば、「自己充実」というモメントを得ていると言ってもいいでしょう。

「他者との交流」――幸福のモメントその二

① 交流そのものの歓《よろこ》び

もうひとつが、とくにこの本の重要なテーマになってくる「他者との交流」というモメントです。

この章の冒頭《ぼうとう》で指摘《してき》したように、人と人とのつながりの二つの概念的区別のうち、つ、な、が、り、そ、の、も、の、が、目、的、で、あ、る、よ、う、な、関、係、を、私は「交流」という言葉で表現したいと思っています。そして、この「交流」が持つ歓びを、私はさらに二つに分けて考えています。

一つは「交流そのもの」、人と人との深いつながりそのものが持っている歓びというものがあります。

たとえばお母さんが赤ちゃんの世話をしているとき、ときおり無性にいとおしくなって、食べちゃいたいほど抱きしめたくなるような瞬間《しゅんかん》があるものです。これは父親にもあります。こんなときというのは、理屈を超《こ》えて、この子がただここにいるだけでうれしいものです。

あるいは恋人《こいびと》関係でもそうでしょう。とくに付き合って間もないころなど、何だか知らないけれど、とにかく一緒《いっしょ》にいるだけで楽しいとか、その人の声を聞いているだけで無性にうれしい。つながっていることそれ自体が、目もくらむほど幸せであるという、そういう種類の幸福感を、私たちは体験することがあります。

それほど大げさなことでなくてもいいのです。妙《みょう》に気の合う友人と、別に何をするわけではないけれど、一緒にいるだけで心地よいということがあるでしょう。

私にも経験がありますが、一緒の部屋にいるのに、友人は黙《だま》ってテレビを見ていて、こっちは勝手にギターを弾《ひ》いたりしているのです。それでも、その場の時間と空間を共有していること自体が心地よいのです。そういうレベルのつながりが、やはりあるのだと思います。それが「つながりそのものの歓び」です。

なります。

②他者から承認される歓び

もうひとつが、「他者からの承認」です。お互《たが》いであれば「相互《そうご》承認」ということになります。

「○○ちゃんていい人だよね」「カッコいいね」「勉強ができるんだね」「きょうは素敵な服を着てるよね」等々、何でもいいのです。

とにかく「何かを人から認められる」という歓びです。

この歓びというのが、じつは何ものにも替《か》えがたいものなのです。

例えば私の場合であれば、「いい本を書いたね」とか、「今日の先生の授業はよかった」と言われたりすることとかもしれません。

つまり、社会的関係の中で、その人の活動なり、あるいは存在そのものが認められる。その際に先に述べた「自己充実」とセットになって、自分の能力を存分に発揮できる仕事をして、それが世間から高く評価されれば、これ以上ないというほどの歓びを得られるにちがいありません。

承認のモメントは、人間にとって非常に重要です。だからこそ、「シカト（無視）」されると非常に辛いし、しばしば承認をめぐって争いが起こることさえあります。

たとえば学校で、「○○ちゃんばかりえこひいきされてるんじゃないか」と、クラスがピリピリしたムードになることがあるでしょう。これは先生からの承認をめぐる緊張《きんちょう》関係です。最近、まじめな子がいじめの対象になりやすいというのは、〈まじめ＝先生との承認関係が密になる可能性がある〉ために、周りの生徒にとってはそれが面白くないということがあるのかもしれません。

ほかにも、承認をめぐる競い合いは、身近なところでもよく起こることがあります。兄弟同士でも、どちらが親からかわいがられているかで喧嘩《けんか》になることがあります。会社なら、「誰が上司のお眼鏡《めがね》にかなうか」みたいなことで、ライバル同士がしのぎを削《けず》るということがあるわけですね。恋愛《れんあい》の三角関係の泥沼《どろぬま》だって、恋人からのちゃんとした承認をどちらが得るのか、という闘いなわけです（ここまで説明してきた「幸福」の

「幸福」の本質的なモメント

① 自己充実

② 他者との「交流」

- ㋑ 交流そのものの歓び
- ㋺ 他者からの「承認」

本質的なモメントについて、上の表にまとめてみました。参考にしてみて下さい)。

他者＝自分以外のすべての人間

さて、ここまで「他者」という言葉が何度か出てきました。他者という言葉は、今後つ､な､が､り､を考える上でとても大事なキーワードになりますので、ここで整理しておきます。

ふつう日常では、「おれと君は他者だな」なんて言ったりしませんよね。

他者は、「他人」という言葉で置《お》き換《か》えてもＯＫな場合が多いのですが、それではちょっとニュアンスが違う場合もあります。

たとえば、自分の親のことを「他人」と言う人はあまりいないと思います。「親だろうが、しょせん他人だ」と言ったりするのは、かなり激しい親子げんかのあとぐらいではないでしょうか。

親子と違って血縁《けつえん》関係にない夫婦や恋人同士、親友同士に、「俺とお前は他人だ」と言うのも、たしかにそのとおりなのだけれど、なんとなく冷たい感じで、関係を否定的にとらえているようで言いにくい気がしますね。

しかし、私がここで「他者」という場合、なにも人とのつながりを冷たくつきはなすこと自体が目的なのではありません。どんなに近い存在であろうと、自分以外はすべて「他者」、つまり自分とは違う考え方や感じ方をする他の人間である、と考えてみようということなのです。やや大雑把《おおざっぱ》な定義になりますが、「他者とは自分以外のすべての人間」と考えてみよう、その方が人とのつながりをめぐるややこしい問題が案外うまく解きほぐせるかもしれない、ということを提案しているのです。

じつは親しい関係であれば親しい関係だからこそ、この「他者」であるという認識は重要になってきます。

そして、この「他者」という認識をしっかり持っていないと、「自分」という存在も明確にならないのです。

「見知らぬ他者」と「身近な他者」

さて、この「他者」ですが、大きく二種類に分けることができます。

ひとつは「見知らぬ他者」。これはほとんど「他人」という言葉に置き換えられます。見知らぬ他者のことをわれわれは他人といっているのです。

もうひとつは、「身近な他者」という考え方です。これもますます日常では使いませんが、重要なキーワードです。「すごく身近なのだけど、他者なのである」という、この言葉のニュアンスをちょっと大事に考えてほしいと思います。

いくら親しい人間であっても、自分が知らないことがあるし、自分とは違う性質を持っているということに着目してみましょう。これを**「異質性」**といいます。どんなに気の合う、信頼できる、心を許せる人間でも、やはり自分とは違う価値観や感じ方を持っている、「異質性を持った他者なのである」ということは、すべての人間関係を考えるときに、基本的な大前提となると私は考えます。

「異質性――自分とは違うんだ、ということを前提に考える」というと、なんだかマイナスの方向に考えるようなイメージをもたれるかもしれませんが、そうではありません。

逆に、親友なら、親子なら、「自分の気持ちをすべてわかってくれるはずだ」「私たち、心は一つだよね」と考えてしまうほうが、下手をすると自分しか見えていない、他者の存在を無視した傲慢《ごうまん》な考えである可能性もあるのです。極端《きょくたん》な例が、ストーカーですね。彼（あるいは彼女）たちは、相手の他者性（＝他者であるという本質的な性質）を理解せず、自分の気持ちを投影《とうえい》する道具としてしか見ていないわけです。

相手を他者として意識するところから、本当の関係や親しさというものは生まれるものなのです。

他者の二重性

他者とは自分以外のすべての人間であるということを説明してきました。

では他者とはどんな存在なのでしょう。

じつは、他者には二重の本質的な性格があります。他者ということを考えるには、そのことを押さえておかなくてはなりません。

①「脅威《きょうい》の源泉」としての他者

ひとつは、「他者というのは、脅威の源泉である」ということです。

これは哲学者《てつがくしゃ》の竹田青嗣《たけだせいじ》さんの言い方なのですが、とにかく何か私にとって「脅《おびや》かしを感じる存在」「怖《こわ》い存在」としての他者というものがあります。

たとえば次のような状況。夜道を一人で歩いているところに、後ろからコツコツと足音が近づいてくると（帰り道が同じだけなのでしょうが）、何をされるかわからない恐怖《きょうふ》感《かん》を覚えることがあります。

あるいはたとえ身近な他者でも、思わぬ一言で傷つけられることがあります。相手にそういう意図はなくても、友だちの何気ない一言がグサッとくることもあるし、親から「お姉ちゃんに比べてあなたはダメね」などと言われると、そんなに深い気持ちで言ったわけではなかったとしても、非常に傷つけられたりします。そういうことがあると、たとえ身近な人であっても、脅威の源泉になることがあります。

② 「生《せい》のあじわいの源泉」としての他者

もうひとつは、先ほどの承認の話の中にも出てきましたが、他者は生の歓びを与えてくれる存在でもあるということです。竹田青嗣さんは「エロスの源泉」という言い方をしています。エロスというのは少し難しい概念《がいねん》ですので、私はそれを「生のあじわい」というふうに言い換えています。

生きてきて、「ああ、よかったな」とか、「素敵だな」「うれしいな」などという、肯《こう》

定的《ていてき》な感情の総体を、私は「生のあじわい」というキーワードで表わしています。生きていることがうれしくて、わくわくと高揚《こうよう》した気分になるような感じです。他者は、そういう喜びをもたらしてくれるもの、「生のあじわいの源泉」にもなるのです。

だから、他者によって認められたり、他者から注目されたり、ほめられたりすることは、ものすごく活動の励《はげ》みになりますし、嬉《うれ》しいことなのです。

たとえば、百メートルをどんなに速く走っても、他者から承認されなければ満足感は得られないでしょう。誰も知らないところで「俺は九秒七で走れるんだ」と言っても、やはりむなしい。それが「公認記録」という形で残ったり、あるいは観衆の前で出した記録ならば、「あの人はあのときこんなに速く走ったんだ」と言われ、歴史にも残ります。それほど大げさなものでなくても、まわりの人から認められるということは、生きることの大きな支えになります。

人は他者の二重性に振《ふ》り回《まわ》される

私たちにとって「他者」という存在がややこしいのは、「脅威の源泉」であると同時に、「生のあじわい（あるいはエロス）の源泉」にもなるという二重性にあるのです。人は、他者のもつこの二重性に、常に振り回されるものだといってもいいかもしれません。

これがどちらか一方ならラクですよね。もし他者が脅威の源泉でしかないのなら、世間とは一切交わりを絶って、引きこもって自分の趣味《しゅみ》だけに没頭《ぼっとう》していれば、それはそれで楽しいのかもしれません。でも、どう考えても「引きこもり」は苦しい。それはなぜかというと、他者の脅威もないかわりに、他者がくれる生のあじわいを得るチャンスもないからです。

逆に、人とつながることが楽しいだけだったら、最初からこんな本は必要はないわけですね。「みんな仲良く」というプラスの方向だけを考えていれば済むのですから。

でも、そうはいかないのが他者との関係なのです。

どんなに仲良くしていても、どんなに相手や周囲に配慮《はいりょ》した言動を心がけていたとしても、何かしら誤解しあったり、うまくいかなくなることがあるのが他者との関係です。

しかも関係がこじれたときに、相手に意図的な悪意があるほうがまだ対処もしやすいくらいなのです。本当に厄介《やっかい》なのは、相手が別にこちらを傷つけようという意図がなくても、相手の何げない言動でこちらが傷つくことがあったり、相手は相手でこちらの無意識の言動によって知らないうちに傷ついたりしている場合なのですね。

第3章　共同性の幻想《げんそう》——なぜ「友だち」のことで悩《なや》みは尽《つ》きないのか

なぜいない人の悪口を言うのか——スケープゴートの理論

学校では、クラスの友だち同士で小グループを作って、休み時間などはいつも一緒《いっしょ》に活動するということがよく見受けられます。その時よくありがちなのが、親しいはずなのに、その場にいない友だちの悪口を言うということです。

これは今に始まったことではありません。社会学の考え方で、スケープゴートの理論というものがあります。

「スケープゴート」というのは、そもそもは旧約聖書の中に出てくる、贖罪用《しょくざいよう》の山羊《やぎ》のことです。旧約聖書の時代には、人間の罪を山羊に背負わせて荒地に放す、という宗教的な儀式《ぎしき》がありました。つまり生贄《いけにえ》ですね。そこから転じて、人々の憎悪《ぞうお》や不安、猜疑《さいぎ》心などを、一つの対象（個人や集団）に転嫁《てんか》して、矛先《ほこさき》をそちらにそらせてしまうことを、「〇〇をスケープゴートにする」などと言います。

さて、親しい友だちであるはずなのに、なぜこんなことをするのでしょうか。

これは、第三者（＝ここにいない、私とあなたそれ以外の人のこと）を排除《はいじょ》することによって、その場の「あなたと私の親しさを確認しあう」ということなのです。A子さんとB子さんがいたとして、そこにいないC子さんの悪口を言って盛り上がることによって、A子さんとB子さんは、その場の親しさを再確認しているわけです。こういうことは、よくあることなのです。

けれど、こうした振舞《ふるま》いは、この二人に新たな不安を引き起《お》こしがちなのです。その不安というのは、今度はいつ自分が排除される側にまわるかわからないということです。この結果またまた不安が増幅して、ますます固まるわけです。

私も、こんな光景を見たことがあります。

息子《むすこ》や娘《むすめ》がまだ幼稚園《ようちえん》に通っているころ、私はよく送《おく》り迎《むか》えをしていました。その時、いつもお母さん方が、ひとかたまりに群れてお話をしていました。子どもたちはとっくに教室の中に入ってしまっているのに、お母さん方はほとんど帰らず、多くの人がその場に残って延々とおしゃべりを続けているのです。お父さん方なら、お役目が済めば「じゃ、また」とすぐに帰りそうなものです。

私の妻にその話をすると「あれはその場にいないとなんとなく不安になるからかな。本当は、毎日毎日何十分もお話なんかしたくない人だっているでしょうに、その場にいないと何を言われるかわからないからなのかしら」と言うのです。

さらに、みんなが知っていて自分だけが知らないという状態を極端《きょくたん》に恐《おそ》れる、ということもあるようです。たいした内容の情報でなくても、情報を共有していないと、そのことだけで排除されるきっかけにつながりかねないからです。

このように、ある種のグループでは、いつも関係を密にしていないと、いつ排除されるかわからない不安がつきまといます。不安になるから、ますます固まって一緒にいる。

学校の先生の立場から見ると、「あの子たちはいつも一緒にいてすごく仲がいいんだな」なんて思える子どもたちの集団でも、よくよく話を聞いたり、様子をうかがってみると、じつは非常に緊張《きんちょう》した状態でいつも一緒にいるという場合があります。もちろん別に仲が悪いわけではなくて、一緒にいて楽しいこともあるのだけれども、いつのまにか「そこにいないと不安になるから、陰口《かげぐち》をたたかれるのが嫌《いや》だから一緒にいる」という状態におちいっている可能性もあるのです。

心が休まらない「メール即《そく》レス」

その発展形といえるかもしれないのですが、最近私がちょっと気になっているのが「携帯《けいたい》メール」を介《かい》したコミュニケーションです。

とりたてて用事もないのに、しょっちゅうメールのやりとりをしている人がいますね。メールを送ったら、どれぐらいすばやく「即レス」してくれるかで、相手の友情や愛情を測ってしまう人も多いようです。返信が遅《おく》れたりすると、「なんですぐ返してくれなかったの?」「○○君の私への気持ちって、その程度だったの?」となるわけです。

これはじつは、非常に心が休まらない状態をお互いに作りあってしまっていることになりはしないでしょうか。

メールを出したほうは、返事が遅《おそ》いと不安になる。受けるほうは、即レスをしなければならないというプレッシャーがかかっている。そしてお互《たが》い、「友だちなのだから、あるいは付き合っているのだから、毎日メールのやりとりをしなければならない」ということになる。

本当は幸せになるための「友だち」や「親しさ」のはずなのに、その存在が逆に自分を息苦しくしたり、相手も息苦しくなっていたりするような、妙《みょう》な関係が生まれてしまうことがあるのです。

私はそれを「同調圧力」と呼んでいます。

同調圧力——友情が強迫になる

「同調圧力」という言葉を私の研究室のゼミで使ったとき、教え子の女子学生がこう言いました。「先生、私の高校時代は、まさに〝同調圧力〟に悩《なや》まされ続けた三年間でした！」

——とにかくいつも一緒に行動していなきゃいけない雰囲気《ふんいき》があって、それがとても重荷だった。抜《ぬ》け出《だ》すにも抜け出せないし、距離《きょり》を少しでもとろうとすると「なんか冷たい」とか、「今までとちょっと違《ちが》う」などと言われ、いついじめの対象になるかわからない。距離をとって孤立《こりつ》するのも怖《こわ》い。そんな毎日——だったのだそうです。それが、大学に入ってかなりの程度解放されて、「人は人、自分は自分」という雰囲気が出てきたので、とても楽になったそうです。

「同調圧力とどう折り合いをつけるかが私のテーマだったんだと、いまはっきりわかりました」と、彼女は長年の胸のつかえがとれたように言いました。

今までもやもやと不快だったことが、こういうキーワードを与《あた》えられることでスッキリすることがあります。

この場合の彼女も、それまでは、仲間に入れてくれて、いつも誘《さそ》ってくれるグループのみんなに対して、「息苦しい、距離を置きたいと思っているのは、自分に協調性がないからなのだろうか？」「友だちだと思ってくれている彼女らに対して悪いのではないか？」「でも息苦しい、たまには一人で行動したいけど、その気持ちをうまく言えない」と、ずっと悩んでいたのではないでしょうか。

同じ年代の若者が集《つど》う同質の集団である学校という場は、どうしても同調圧力が高まる傾向《けいこう》が強いようです。

自分の好みとは関係なく、みんなと同じような制服の着崩《きくず》し方をしたり、今流行のバッグなどを友だちといっしょに持ったりする、またその時期に流行《はや》っている若者言葉（このことについては第8章で少し詳《くわ》しく取り上げます）をつい使おうとする——本当に自分で選んでそうしているというよりも、一人だけ浮いてしまうのが恐い、ノリの悪いヤツと思われるのは嫌だから、つい周りに合わせてしまうことはありませんか。

いろいろな形はあるにせよ、私たちの身の周りには、さまざまな種類の同調圧力が張《は》り巡《めぐ》らされているのです。

そして、この本を読んでいるみなさんの中にも、いま同調圧力に悩んでいる人もいると思います。

これは何も学校だけの話ではなく、大人の世界にもあります。職場でも毎日習慣的に同じメンバーでお昼を食べに行ったり、「公園デビュー」した後のお母さん同士のつきあいに、同調圧力を感じている場合もあるでしょう。

ネオ共同性——現代の新たな圧力

今私たちが目の当たりにしている同調圧力は、現代における新たな共同性への圧力(これをネオ共同性と呼んでみましょう)なのではないかなと私は考えています。日本社会はハード的部分(＝物的環境《かんきょう》や法的な制度)では十分近代化したのかもしれませんが、ソフト的部分(＝精神面や価値観)ではまだまだムラ的な同質性の関係性を引きずっているような気がします。しかしそうしたソフト的部分を支えるはずの現実的根拠《こんきょ》が、ムラとイエの現実を支えた伝統的社会とはもはや違っているのです。かつてのムラ的な伝統的共同性の根拠は、生命維持の相互性でした。貧《まず》しい生産力を基盤《きばん》とした昔の庶民《しょみん》の生活においては、お互いに支えあって共同的なあり方をしていなければ生活が成り立たなかったのです。ですから伝統的なムラ的共同性は、「出る杭《くい》は打たれる」「長いものには巻かれろ」といったことわざが示すような同調圧力が強い半面、お互い生活を支えあい助け合うという相互扶助《ふじょ》の側面も大きかったのです。

　しかし現代におけるネオ共同性の根拠にあるのは、「不安」の相互性です。多くの情報や多様な社会的価値観の前で、お互い自分自身の思考、価値観を立てることはできず、不安が増大している。その結果、とにかく「群れる」ことでなんとかそうした不安から逃《のが》れよう、といった無意識的な行動が新たな同調圧力を生んでいるのではないかと考えられるのです。

　こうした問題に関連して、リースマンというアメリカの社会学者が『孤独《こどく》な群集』（原著初版一九五〇年）という本のなかで、人間が持つ「社会的性格」を三つに類型的に分けて、そのうえで現代人が帯びる特徴《とくちょう》について考察しています。

その類型とは、「伝統指向型」「内部指向型」「他人指向型」の三つです。

伝統指向型とは、近代以前の社会に支配的な社会的性格で、自分の主体的な判断や良心ではなく、「昔からこのようになっている」とか「家長がこういっているからこうなんだ」といった形で外面的権威《けんい》や恥《はじ》の意識にしたがって行動の基準を決めるタイプです。

内部指向型とは、近代の形成期に見られる社会的類型で、自分の内面に心の羅針盤を持ってその基準に照らして自分の行動をコントロールするようなタイプの人間です。そしてリースマンは現代人の性格類型を「他人指向型」と名づけます。**他人指向型**とは、文字通り自分の行動の基準を他人（私の表現だと他者ということになります）との同調性に求めるタイプの人間のことを指しています。

リースマンの言う「伝統指向型」「他人指向型」は、さきほどの私の共同性についての考察と照らし合わせてみると、それぞれ「ムラ的共同性」「ネオ共同性」に対応するというわけです。そしてそれぞれに性格づけの異なる同調圧力が見られるのです。

「同調圧力」「ネオ共同性」という言葉をキーワードにして、自分たちの身のまわりをとらえなおしてもらうと、意外と見えてくるものがあるのではないでしょうか。

もちろん、「ねえみんな、これって〝同調圧力〟だから、もう少しゆるやかな関係にしようよ」「そうだね、じゃあその辺バランスよくやっていこう」なんてことには、すぐにはならないでしょう。でも、言葉には他の人とのコミュニケーションの手段であると同時に自分の内面の気持ちに輪郭《りんかく》を与えるという大事な働きもありますよね。もやもやした気持ちが言語化できただけでも、精神的にずいぶん違ってくるのではないでしょうか。

同質性から並存性へ

同調圧力のような形でお互いに消耗《しょうもう》しあうことが、なるべく無いような友だちの作り方が、そろそろ必要なのではないかと思います。

悩んでいないで、そういう同調圧力、あるいはいじめる—いじめられるという関係から、少しでも抜け出す発想を持とうと考えることです。具体的にどうするかはさまざまなケースがあるので、そのケースに即《そく》して考えなくてはなりませんが、しかし発想の基本、関係を考え直す原理的なとらえ方というものはあります。

それが私がとくに強調したい「同質性」から「並存性」へという考え方です。

人の間と書いて「人間」というくらいですから、もともと人間は共同的本質を帯びていると考えられます。その本質が目に見える形で直接現実の人間関係として具体化されたあり方が、かつてのムラ的共同体なわけです。そこでは、つながりをものすごく緊密《きんみつ》にして、とにかく「一緒にいる、一緒でいる」ということがとても大事に考えられていたわけです。

「みんな同じ」ということをとりわけ大切にする感じ方、考え方をここでは同質性の重視と呼びましょう。そして共同性という人間的本質が「同質性」をとりわけ強調されて現実化される性質を持つ場合、**「同質的共同性」**というキーワードを用いることにします。これは第1章でも触《ふ》れた、伝統的なムラ社会のようなところでは、従来望ましいと考えられてきた人間関係のあり方です。

しかし、現代社会において人間の共同性は、一方でとても抽象的《ちゅうしょうてき》な形で、直接的でなく間接的、媒介的《ばいかいてき》な性質を帯びてますます広がっています。

みなさんはあまりお気づきになっていないかもしれませんが、「貨幣《かへい》（＝お金）」に媒介された人間関係がそれです。貨幣が社会全体に浸透《しんとう》しているということは、じつは人間の共同性がなくなって、みんなバラバラになってしまったのではなく、目に見えない間接的な形で人間の共同的本質が世界規模に拡散したと考えた方が正確です。

それが「グローバル化」ということの意味です。

貨幣とは、共同性という人間的本質が、**抽象的な形**で具現化したものと理解することができます。これを**「抽象的共同性」**と言い表すことができるでしょう。

だって、私たちが着ているジャケットはお隣《となり》の国、中国の名も知らない誰《だれ》かが縫製《ほうせい》したものかもしれませんし、今飲んだコーヒーの豆は地球の裏側のブラジルからいろいろな人の手を介して運ばれてきたものかもしれません。

個人が経済的に自立するというのは、貨幣を媒介することによって、**世界レベル**で他者たちの活動へ依存するということと表裏一体なのです。生活の基盤をつくる人びととの〈つながり〉が、直接的に目に見える人たちへの直接的依存関係から、貨幣と物を媒介にして目に見えない多くの人たちへの間接的依存関係へと変質したのです。これが現代の共同性の実現の一方のあり方です。

そして一方で、こうした生活基盤の成立によって、家族関係や友人関係といった身近な他者との関係において親しさや暖かさを純粋《じゅんすい》に求める時間的余裕《よゆう》や意識のあり方（＝よりプライベートな関係や活動を大切にするなど）が可能になっているのです。

しかし現代社会におけるこうした共同性の二重の成り立ちにきちんと対応するしかたで、人びとの精神的構えが出来上がっていないのが現状なのではないでしょうか。貨幣―経済的ネットワークを背景にして、各家庭ごとのあるいは一人ひとりの活動の自由や多面化が進行しているにもかかわらず、「みんないっしょ」という同質性が強く求められると、やっかいなことが起こるわけです。

人びとは一方で個性や自由を獲得し、人それぞれの能力や欲望の可能性を追求することが許されているはずなのに、もう片方でみんな同じでなければならないという同調圧力の下に置かれているというあり方に引き裂かれてしまっているのです。

こうした関係の作り方の歪みをとらえようとしたキーワードが、先ほど指摘《してき》した現代における**ネオ共同性**という言葉です。この在りかたに囚《とら》われている限り、今の悩みからなかなか抜け出せないのです。

これに対して、「並存性」（「共在性」などという言葉もあります）とは、「異なるものが同時に存在する」という意味です。

近代以降、現代社会になってますます人間は、ムラ的共同性がもっていた直接的な拘《こう》束力《そくりょく》から切《き》り離《はな》された形で、都市的な自由や個性の追求が可能になったのです。それまではたとえ個性を持ちたいと思ったとしても、それを社会的に実現する場所ときっかけを与えられることがなかった人びとが、近代以降、しだいに自分の好きな振《ふ》る舞《ま》い方や欲望の実現を求めることができるようになったのです。

こうした状況《じょうきょう》のなかでは、実際は身近にいるからといってみんな同じというわけにはいかず、自分とは違う振る舞い方、自分とは違う考え方や感じ方をする人びとといっしょに過ごす時間も多くなります。とりわけ学校や職場といった、自分が好むと好まざるとにかかわらず、他者といっしょにいなければならない現代の組織的集団においては、こうした経験は避けられません。

つまり、現代社会においては、「気の合わない人」といっしょの時間や空間を過ごすという経験をせざるを得ない機会が多くなっているのです。だから「気の合わない人と一緒にいる作法」ということを真剣《しんけん》に考えなければならないと思います。そしてそれが、「並存性」というキーワードで私が表そうとしている中味です。

現代のさまざまな人間関係の問題を解消するための方法として、「並存性の重視」ということをきちんと主張すべき段階にきているのではないかと私は考えます。

「一年生になったら」――「同質的共同性」指向の原点

「並存性」を考えていくために、同質的共同性の人間関係とはどういうものかを再確認しておきましょう。

小学校に上がるころ、ほとんどの人が聞いたり歌ったりした記憶があると思いますが、「一年生になったら」という歌があります。「一年生になったら、友だち百人できるかな」という歌詞なのですが、あれってけっこう強烈《きょうれつ》なメッセージですよね。小学校の一年生になったら、友だちを百人作りたい、あるいは百人友だちを作ることが望ましいのだという、暗にプレッシャーを感じた人も多いのではないでしょうか。

学校というのは、とにかく「みんな仲良く」で、「いつも心が触れ合って、みんなで一つだ」という、まさにここで私は「幻想」という言葉を使ってみたいのですが、「一年生になったら」という歌に象徴《しょうちょう》されるような「友だち幻想」というものが強調される場所のような気がします。けれど私たちはそろそろ、そうした発想から解放されなければならないと思っているのです。

私が言いたいことは、「子どもたちが誰でも友だちになれて、誰でも仲良くなれる」ということを前提としたクラス運営・学校経営は、やはり考え直したほうがいいのでは

友だち 100人!!

ないでしょうかということです。

私は教育大学に勤めていますので、仕事柄《がら》、小中学校の校長先生や先生方とお話しをする機会も多いのですが、非常に人格がすぐれていたり、リーダーシップもある先生、教育現場で力を発揮していると定評のある先生ですら、というよりもだからこそかもしれませんが、やはり「子どもたちというのはみんな良い子たちだから、教師がサポートさえすれば、みんな一緒に仲良くできるはず」という前提で頑張っているようなのです。

どの学校でも、やはり「いじめゼロ」を目指しています。そのためのプランを伺《うかが》うと、「それにはみんなで一つになって」とか、「人格教育に力を入れて、心豊かな子どもたちを育てたい」「みんなで心を通い合わせるような、そんな豊かなクラスを作っていきたいと思っているんです」と熱く語られます。でも、私はちょっとひねくれた人間ですから、「それは理想だろうし、努力目標として高く掲げるのはまあいいのかもしれないけれども、そういうスローガンだけでは、逆に子供たちを追《お》い詰《つ》めることにならないかな」と、どうしても思ってしまうのです。

「○○ちゃん、そんな一人でいないで、みんなの輪に入りなさい」という言葉にかえって圧力のようなものを感じる子供や、みんなと一緒になれないということを気にするあまり「僕《ぼく》はダメなんじゃないか」と思う子どもも少なくありません。また理屈を超《こ》えて「こいつとはどうしても合わない」というクラスメートだっているはずです。大人になってからは、みんな誰もがそういう体験をしているはずなのに、「子どもの世界はおとなの世界とは違う。子どものころはどんな子どうしでも仲良く一緒になれるはず」というのは、子どもの世界にあまりにも透明《とうめい》で無垢《むく》なイメージを持ちすぎなのではないでしょうか。

学校文化を振《ふ》り返《かえ》って考えると、これまではやはり「同質的共同性」という側面にしか目が向けられてこなさすぎたのではないかと思います。

昔は「同質的共同性」だけでよかった

「クラスはみんな仲良く」という考え方には、昔はたしかに現実的な根拠があったのです。

なぜなら、小学校はだいたいムラに一つだったからです。

「自然村」といわれる農村社会学の概念《がいねん》があります。行政村と対比される概念で、だいたい室町時代から江戸時代までの間に人びとが自然に集まってできた集落のことですが、明治時代になってこの自然村を基盤に小学校が建ってくるわけです。そうすると、そこは代々家族ぐるみで顔見知りの子供たちが集まることになります。お互い親同士も顔見知りで、場合によっては何代も前から、「あの家はこうで、こっちの家はああで」と知っていて、「あの家から今度は次男坊《ぼう》が入ってきた」というような、学校を支える地域ぐるみでの濃密な関係がはじめからできていたのです。

そういう中で学校やクラスの運営がされていたわけで、近隣《きんりん》ネットワークのあり方が今とは全然違うわけです。昔の濃密な近隣の支えがあってはじめて、「クラスみんなが仲良くなれるかな」という状態だったのです。

むろん、昔のそういう時代だって、じっさいはクラス全員が仲良くなるというのは難しかったとは思います。でも、今に比べれば、ムラの共同的生活を核《かく》にした地域の支えがとても強かった。村中が総出で田植えや稲刈《いねか》りを共同で行ったり、道路が傷めば道普請《みちぶしん》をし、共有林の下刈りなどの共同作業もありました。そうした地域の支えという現実的根拠があるからこそ、学校における共同性は実現していたわけです。

しかしとりわけ一九八〇年代以降は、都市部ばかりではなく地方においてもそういう支えがほとんどなくなってきていて、地域自体が単なる偶然《ぐうぜん》にその場に住んでいる人たちの集合体になっています。同じ地域から学校に通って来ていると言っても、先生方は今でもついつい「クラスは運命共同体だ」というような発想になりがちなのだけれども、子どもたちは単なる偶然的な関係の集まりだとしか感じていない場合が多いのです。

こうした状況の中で、クラスで本当に「こいつは信頼できるな」とか、「この子といると楽しいな」という、気の合う仲間とか親友というものと出会えるということがあれば、それはじつは、すごくラッキーなことなのです。そういう友だちを作ったり出会えたりすることは当然なのではなくて、「とてもラッキーなこと」だと思っていたほうが良いことは多いような気がします。

そういう偶然の関係の集合体の中では、当然のことですが、気の合わない人間、あまり自分が好ましいと思わない人間とも出会います。そんな時に、そういう人たちとも**「並存」「共在」できること**が大切なのです。

そのためには、「気に入らない相手とも、お互い傷つけあわない形で、ともに時間と空間をとりあえず共有できる作法」を身につける以外にないのです。大人は意識的に「傷つけあわず共在することがまず大事なんだよ」と子どもたちに教えるべきです。そこを子どもたちに教育していかないと、先生方のこれからのクラス運営はますます難しくなると思います。「みんな仲良く」という理念も確かに必要かもしれませんが、「気の合わない人と並存する」作法を教えることこそ、今の現実に即して新たに求められている教育だということです。

「やりすごす」という発想――無理に関わるから傷つけあう

子どもたちに対するこうした教育の方向性は家庭でも必要なことだと思います。子どもが「〇〇ちゃんていうムカつくやつがいる」と家でふと漏《も》らしたときに、「その子にもいいところはあるでしょう。相手のいいところを見てこっちから仲良くする努力をすれば、きっと仲良くなれるよ」というのは一見懐《ふところ》の広い大人の意見ですよね。その理想どおりに運ぶこともあるでしょうが、現実にはなかなか難しいかもしれません。こんなときは、「もし気が合わないんだったら、ちょっと距離を置いて、ぶつからないようにしなさい」と言ったほうがいい場合もあると思います。

これは「冷たい」のではありません。無理に関わるからこそ、お互い傷つけ合うのです。ニーチェという哲学者《てつがくしゃ》の言葉で、「愛せない場合は通り過ぎよ」という警句がありますす。あえて近づいてこじれるリスクを避《さ》けるという発想も必要だということです（詳しくは、竹田《たけだ》青嗣《せいじ》『自分探しの哲学』（主婦の友社）を参照してください）。

ニーチェは、「ニヒリズム」という言葉で有名な哲学者ですが、もうひとつ「ルサンチマン」というキーワードに焦点を当てて、ものを考えた人です。ルサンチマンとは

「恨《うら》み、反感、嫉妬《しっと》」といった、いわば人間誰もが抱きうる「負の感情」のことです。

誰でも、自分がうまくいかなかったり、世の中であまり受け入れられなかったりしたときに、自分の力が足りないんだと反省するよりも、往々にして「こんな世の中間違っているんだ」と考えたり、うまくいっている人たちを妬《ねた》んだりするものです。そんな感情を自覚して、「どうやりすごすか」を考えることが大切です。ニーチェは、「ルサンチマンについ陥《おちい》ってしまうのが人間の常なんだけれども、そこからどう脱却《だっきゃく》できるか」ということを示唆《しさ》している哲学者です。「やりすごす」という発想が、非常に大事なことだと私は思っています。

「ルサンチマン」は誰の心にも生じることがある

自分ができないことがやすやすとできる人、自分より容姿に恵まれていたり、人から愛されている人——そういう人を見ていると心がざわざわしてきて落ちつかなくなる時がありませんか。

人が生きていくうえで、ルサンチマンに絡《から》め取《と》られそうになる場面はたくさんあります。人間の生にとって必要な負の感情として、ルサンチマンには人間の本質的な何かがあるのです。ルサンチマンは誰にでも起こりうる感情です。しかし、ルサンチマンにとらわれすぎたり、とらわれ続けていたりすると、結局のところ、自分自身の「生」の可能性を閉ざしてしまうことにつながるのです。だからこそ、それにとらわれ続けないことが大切なのです。

失恋《しつれん》しても気持ちの切《き》り替《か》えができず、いつまでも引きずっているとストーカーになってしまいます。好きな他者から自分の好意を否定されれば誰でも落《お》ち込《こ》みますし、恨みに思うこともあるかもしれません。しかし、そこから何とかして抜け出していかないと、その後の人生は実りの少ないものになってしまいます。最近の傾向として優秀な生徒や、かわいくて目立つ子がいじめのターゲットにされるケースが増えているというのも、そうした「卓越《たくえつ》した何か」を目の当たりにしたときに、自分の中にそうした卓越性を感じられない多くの他の子どもたちのルサンチマンが、原因の根っこにあることが多いようです。

自分がそんなルサンチマンの感情に囚《とら》われがちなときは「自分は自分、人は人だ」という、ちょっと突《つ》き放《はな》したようなものの見方をしたほうがいいと思います。「私とは関係ないでしょ」ということですね。

「関係しよう、関係しよう」とするから、話がこんがらがってくるのです。

「クラスはひとつ、みんないっしょだ」というような幻想が強すぎると、人と少し違う子がルサンチマンのターゲットになってしまうことがあるのです。体育祭や文化祭など、学校行事の中で何か目的があるときに、期間限定で団結して一生懸命《いっしょうけんめい》になれることは、とてもいいと思います。でも、日ごろはやはり「あまり濃密な関係を学校空間の中で求めすぎない」ということが、教師や大人の心得として、じつは大事なのではないかと思っています。

適切な距離は人によって違う

結局、「濃密な関係から、あえて距離をおくこと」が大切なんじゃないかと、私は考えています。距離の感覚は重要です。

では、人と人との距離というものをどういうふうにとらえたらいいのでしょうか。

お互いにうまくいく関係というのは、その距離の感覚がお互いどうし一致していて、ちょうどいい関係になっているのです。何かギクシャクしているときというのは、その距離感がずれていたり、方向が違ったりということがあるのだと思います。

こんな例があります。これも私の教え子の女子学生の体験なのですが、彼女には高校時代、付き合っている彼氏がいました。

もちろん自分では彼氏だと思っていたし、自分としてはお互い心地よい距離感だと思って付き合っていたそうです。ところがある日、その彼氏から突然《とつぜん》「君との関係は何だか薄《うす》くて、付き合っている気がしない」と言われて別れを告げられ、ものすごくショックを受けたのだそうです。彼女が言うには、そのとき初めて「自分は普通《ふつう》の人と比べて、距離感があったほうが心地よいと感じるタイプなんだな」とわかったというのです。彼氏と付き合っている途中《とちゅう》でもう少し早く他者と自分の距離の取りかたのクセを分析《ぶんせき》できていれば、突然の別れを告げられるといったことは、あるいは無かったのかもしれませんね。

今度は、私の場合です。私は大学で少人数で行うゼミナール（いわゆるゼミ）を持っていますが、卒論指導のときには、学生によって、その人に合った一番適切な距離感というものがあり、それを探りながら指導をしています。

講義形式の通常の授業であれば、一方通行に近い形ですから、先生と学生の距離はある一定に保たれています。いわば、中学や高校の通常の授業の延長のようなものです。ところがゼミの指導になると、個別対応の側面が強くなるのです。大学によっても違うのかもしれませんが、私の大学などは比較的教師と学生の距離が近いほうだと思います。ゼミの時間にも会い、そのほかの時間にも相談を受けたりして、そして卒業論文まで仕上げていくわけですが、学生ごとに距離感をどう設定するのかというのは、教員と

しての私にとってはやはり配慮《はいりょ》すべき大事な事柄《ことがら》です。学年によってもカラーが違ったりしますし。

たとえばどれぐらいの頻度《ひんど》で研究室に来てもらえばいいのかといったことも大事ですね。卒業論文を進めるうちには、元気がなくなったり、テーマによっては書き進めていくうちに混乱したりする場合もありますから、どんなタイミングやどんな感じでアドバイスをすればその学生に一番フィットするのか、その人その人によって違ってくるものなのです。

とにかく、指導教官の役割としては、ゼミ生たちにそれぞれの能力に見合った論文をきちんと書いてもらうことが第一なわけです。彼ら彼女らのモチベーションが下がったり、悩みこんで前に進めなくなってしまわないように、メンタルなケアまでを念頭に入れると、誰も彼も同じやり方ではうまくいきません。

やはり自分なりの能力を発揮してもらって、「書いていて苦しいけど楽しいな」とか、「先生、このテーマでいけそうな感じがします」というようなことを言ってもらえるとこちらもうれしいし、思わず「がんばれ！」と声を掛《か》けたくなる気持ちになります。そしてそういう関係が築ける距離は、一人ひとり微妙に違うのです。

そう考えると、「ああ、やっぱり同じゼミ生と指導教官といっても、ある人にとってはこんなイメージがあったり、別の人にとっては違うイメージがあったりして、人ってみんな一緒というわけにはいかないんだな」というのがよくわかります。

「ルール関係」と「フィーリング共有関係」に分けて考えよう

さて、ここまで読んでこられた皆《みな》さんには、「他者」や「距離感《きょりかん》」について少し頭の中で整理して考えてもらえるようになったでしょうか。

それでは、また次のステップに進むために、実践的《じっせんてき》なキーワードを提示したいと思います。それは、「ルール関係」と「フィーリング共有関係」というものです。

対面的状況《じょうきょう》、組織、集団といったいろいろな単位の人間関係を考えるときに、「ルール関係」と、「フィーリング共有関係」に分けて考えると、お互《たが》いどういう距離をとれば心地よいのかが、考えやすくなると思います。

「ルール関係」というのは、他者と共存していくときに、お互いに最低守らなければならないルールを基本に成立する関係です。じつは学校もクラスも、むしろそういうルール関係を基本に考えなければならない場になっているのだと思います。

さきに述べた、共同体的なつながりが強いときの「友だち百人できるかな」的な関係が前提としているのは、「フィーリング共有関係」なのです。とにかくフィーリングを一緒《いっしょ》にして、同じようなノリで同じように頑張《がんば》ろうと。それがクラス運営の核《かく》になっていたのが、これまでの学級や学校の考え方でした。「僕《ぼく》たちは同じように考えているし、同じ価値観を共有して、同じことで泣いたり笑ったりする、結びつきの強い全体だよね」という感じです。

でもいまの学校という場は、もうそうしたフィーリング共有性だけに頼るわけにはいかない。「ルール関係」をきちんと打ち立ててちゃんとお互いに守るべき範囲《はんい》を定めて、「こういうことをやってはいけないんだ」という形で、現実社会と同じようにルールの共有によって、関係を成立させなければならない場になっているのだと思います。

「フィーリング共有関係」だけで考えるといじめはなくならない

いじめという行為は、人と人との関係の基本に照らしてみて明らかにルール違反《いはん》なわけです。ですから、ルールに反することはしてはいけないということを徹底《てってい》していく、つまり「ルール関係」をベースにして、先生は裁定《さいてい》を下していかなくてはなりません。ここに「みんな仲良く」という「フィーリング共有関係」だけを持《も》ち込《こ》んでもうまくいかないのです。いじめを受けている人は、一人で悩《なや》んでいないで、もし仮にクラス担任の先生がだめでも、ルールを基準に判断してあなたの立場を理解してくれる大人はどこかに必ずいるはずです。決して絶望しないでください。

ルール関係の土台が築けている上で、「フィーリング共有関係」も得られるのであれば、これはラッキーで幸せなことです。逆にいえば学校はもはや、フィーリング共有関係がそうたやすく実現できる場ではなくなってきているのだということです。

これは後ろ向きで、悲観的な考え方なのでは決してありません。むしろ逆です。第3

章で述べた、「みんな仲良くしなければならない」という共同性の呪縛《じゅばく》のような考え方は、「フィーリング共有関係」だけを前提に考えるからそうなるのです。実際は自分とは合わない人たちがいるのに「みんなと仲良くしなければ」と思い込みすぎて、かえって苦しくなるのです。「ルール関係」を前提に考えれば、仲が良くても仲が良くなくても、とりあえずお互いが平和に共存することができるのです。

そんなふうに発想を転換《てんかん》していくべきだと思います。

「フィーリング共有関係」の負の部分

たとえば仕事場などに、「フィーリング共有関係」だけ持ち込んでもダメなことは明白ですね。やはり仕事場というのは何か業績を上げるための目的集団ですし、そこには組織ごとのルールがあります。そういうルールにのっとってコミュニケーションがなされています。でもルールが共有されているだけの関係ではなんとなくギスギスしてしまって、仕事の能率も上がらない。フィーリングの共有性が高まったほうが、組織としても活性化します。

そのための工夫ももちろんいろいろあっていいのだけれども、基本的にはルール共有関係が成立しないところにフィーリング共有性だけを求めても、土台無理な話だと思います。

この二つは重なるようだけれども、原理的には区別して考えなくてはなりません。これをごった煮のように一緒に考えてしまうと、ぐちゃぐちゃになってしまうのです。

どんなに気の合わない部下や上司でも、ある程度は距離感をもって、上司である限り部下である限りは関わらなければならないし、お互い一緒に仕事をしていかなければならないわけです。それを「あいつはなんとなく気に入らないからあいつにだけは仕事をまわさない」とか「あいつと同じ部署にいるのはいやだ」となってしまうと、ぐちゃぐちゃになってしまうわけです。フィーリング共有関係というのは、プラスだけではなくてマイナスの感情も含《ふく》まれてきますから。

「ルール関係」と「フィーリング共有関係」を区別して考え、使い分けができるように

なること。これが、「大人になる」ということにとっての、一つの大切な課題だと思います。

高校生くらいから少しずつこの二つの違いを意識しながら、二十歳を過ぎるくらいからは「〈いま・ここ〉でのつながりはどちらの関係をより優先すべきなのだろう」といったことが、状況に応じて判断できるようになれば、より大人に近づいたといえるのではないでしょうか。

ルールは「自由のため」にある！

「ルールが大切だ」ということを述べると、必ずある角度のついた解釈《かいしゃく》をされてしまいます。つまり、「倫理的《りんりてき》にコントロールする」「規範的《きはんてき》価値観を共有させる」など、「管理の強化」みたいな方向に誤解されるのです。規範意識を高めるといった表現で言《い》い換《か》えられると、妙《みょう》に道徳的な行儀の良い子どもを育てようといった主張のように理解されることもあるかもしれません。

ルールを大切に考えるという発想は、規則を増やしたり、自由の幅《はば》を少なくする方向にどうしても考えられてしまうのですが、私が言いたいことはそういうことではありません。むしろ全く逆なのです。

ルールというものは、できるだけ多くの人にできるだけ多くの自由を保障するために必要なものなのです。

なるべく多くの人が、最大限の自由を得られる目的で設定されるのがルールです。ルールというのは、「これさえ守ればあとは自由」というように、「自由」とワンセットになっているのです。

逆にいえば、**自由はルールがないところでは成立しません。**

「何でも好き勝手にやっていい」ということが自由だとしたら、無茶苦茶なことになってしまいます。人間というものは総じて自分の利益を最優先する傾向《けいこう》があるわけですが、「自分の利益のことしか考えない力の強い人」が一人いたら、複数の人間からなる社会における自由はもうアウトになります。この場合、誰《だれ》か一人だけが自由で、残りの人はみんな不自由ということになりかねません。ルールの共有性があるからこそ、自由というものが成り立つのです。

ホッブスの「社会契約論《けいやくろん》」を思い起こしてみて下さい。

人間が生きるということの本質は自由であり、欲望の実現です。ルールとは、それぞれの人びとが欲望を実現するために最低必要なツールなのです。

欲望は、百パーセントは実現できないかもしれない。しかしたとえば一割、二割、自分の自由を我慢《がまん》して、対等な立場からルールを守ることでしか、社会のメンバー全員が自由を実現することはできないのです。そうすることによって、残りほとんどの欲望は保障されます。でもルールというものの本質がそういうものだということは、なかなか了解《りょうかい》されにくいのです。たとえば交通規則を思い出してください。どんなに急いでいても前の信号が赤ならば必ず止まる。一見すると「早く目的地に着きたい」という欲望は制限されていますが、そうした欲望を多少抑制することによって、誰もが安全に確実に、事故に合うよりはずっと早く目的地にたどりつくことができるのです。

そして「秩序《ちつじょ》性」というものは、最低限のルールをお互いが守ることの中から、結果として出てくるものです。秩序正しさそのものを目的にすると、人びとはより多くの自由をがまんしなければならなくなり、息苦しさが増してしまいます。

誰かをいじめると、自分がいじめられるリスクが生まれる

社会のルールで何が一番大事かということは、いろいろな社会によって微妙《びみよう》に違《ちが》ってくるかもしれません。でも、どんな社会にでも大体共通して大事に考えられているルールがあります。それは、「盗《ぬす》むな、殺すな」という原則です。

これは、社会のメンバーそれぞれの生命と財産をお互いに尊重するというルールになっているわけです。

どういうことかというと、自分の気分しだいで勝手に人を殺していいということになると、今度は自分がいつ殺されるかわからないということにもなりうるわけです。ですから、「殺すな」は結局自分が安全に生き延びるという生命の自己保存のためのルール

と考えられるわけで、別に世のため人のためのルールと考える必要はないのです。

「盗むな」もそうです。盗んでもいいという社会では、自分の持物・財産がいつ盗まれるかわからない。「殺すな」が守られない場合と同様、とても不安定な状況《じょうきょう》になってしまう。だから、「盗むな、殺すな」という社会のメンバーが最低限守るべきであると考えられているルールは、「よほどのことがない限り、むやみに危害《きがい》を加えたりせず、私的なテリトリーや財産は尊重しあいましょう、お互いのためにね」という契約なのです。

こうした観点から「いじめ」の問題をあらためて考え直してみると、誰かをいじめるということは、今度は自分がいつやられるかわからないという、リスキー(＝危険)な状況を、自分自身で作っていることになります。

いじめるか、いじめられるかを分けているのは、単にその時々の力関係によるもので、いつ逆転するかわかりません。

無意味に人を精神的、身体的にダメージを与《あた》えないようにするということは、自分の身を守る、自分自身が安心して生活できることに直結しているのです。

単に「いじめはよくない、卑怯《ひきょう》なことなんだよ」「みんな仲良く」という規範意識だけではいじめはなくなりません。そうではなくて、「自分の身の安全を守るために、他者の身の安全をも守る」という、実利主義的な考え方も、ある程度学校にも導入したほうがよいのではないかと思います。

人類の歴史を見ても、「自然状態」ではどうしても人間は物理的に力のあるほうが「殺し、盗む」ものであり、そうした状態が長く続くと世の中が安定せず総崩《そうくず》れになるからどうしたらいいかを、賢人《けんじん》たちが長年考えてきたわけです。そして出した結論が、「〝人を殺さない、人から盗まない〟というルールは、〝人に殺されない、人から盗まれない〟ことを保障するために必要なものだ」、という答えだったわけです。

残念ながら、「殺し、盗むことは人としてよくないことだから」という答えではないのです。

だから「気に入らない人とも並存する作法」が大切

そもそも、クラス全員が仲良くできる、全員が気の合う仲間どうしであるということは、現実的に不可能に近いことです。人間ですから、どうしてもお互い馬が合わない人、理屈ぬきに気に障る人というのはいます。大人だって、ほとんどの人は何かしら人間関係の悩みを持っています。

そんなとき、ムカツクからといって攻撃《こうげき》すれば、ますますストレス過剰な環境《かんきょう》を作り、自分のリスクも大きくすることになるのです。

だからこそ第3章で強調した**「並存性」という考え方**が大事なのです。ちょっとムカツクなと思ったら、お互いの存在を見ないようにするとか、同じ空間にいてもなるべくお互い距離を置くということしかないと思います。

ただし、露骨《ろこつ》に〝シカト〟の態度を誇示《こじ》するのも、攻撃と同じ意味を帯びてしまうことになります。朝、廊下《ろうか》や教室で会って目があったりしたら、最低限の「あいさつ」だけは欠かさないようにしましょう。あくまでも自然に〝敬遠〟するというつもりでやってください。

要は、「親しさか、敵対か」の二者択一ではなく、態度保留という真ん中の道を選ぶということです。

たとえばサバンナの泉のほとりに、たくさんの種類の動物が、おたがい無関心な様子で同じ空間を平和に共有している姿を、テレビなどで見たことがあるでしょう。フラミンゴやシマウマが、「われ関せず」という感じで一緒に水を飲んでいたりします。あんな光景を思《おも》い浮《う》かべると「並存性」がイメージしやすいかと思います。

ルールは必要最小限にしたほうが、ルール関係は築きやすい

ルールについて少し補足しておきましょう。
何でもがんじがらめで「規則、規則」で縛《しば》っても、効果がありません。
ルールを決めるときは、どうしても最小限これだけは必要というものに絞り込むこと、**「ルールのミニマム性」**というものを絶えず意識することが重要です。

こういう学生がいました。彼は大学の文科系サークルの部員で、「今日も部の話し合

親しさ
敵対
「並存性」が大事!!
合わないと思ったら距離を置こう
態度保留

いなんですよ……」と言って、うんざりした顔をしていました。サークルの、会則についての話し合いが煮詰《につ》まっているらしいのです。

大学サークルというのは長く続いているうちに、決まりがどんどん多くなっていくもののようです。その学生のサークルも、決まりが増えすぎてがんじがらめになっているようでした。「昔の先輩《せんぱい》はこうやっていた」ということに囚《とら》われていて、「そういうことの話し合いだけでも疲れる」と言うのです。

私が「君たち、どんなふうに話し合いしてるの?」と聞いてみると、「先輩方から受け継いだものをどう守れるか、最近ちょっとルーズになってるんじゃないかみたいな感じでやってます」と言います。「あのねえ、ルールというのはどうやったら最小限のルールが取り出せるかという話をしなければダメなんだよ。今まで積み重なってきたもののうち、これは大事だけれども、これはもう要らないんじゃないのって、腑分《ふわ》けするのが話し合いでしょ?」と言うと、「ああ、そうか」と気づいてくれたようでした。

やはり、いつの間にか伝統が行動の規範になってしまうのです。前例というやつですね。「本件は前例によりますと……」と言うのはお役所のお年寄りだけかと思いきや、案外いまの若い人たちも同じで、「前例がこうだから、昔から先輩のやり方がこうだからこうしよう」という感じになってしまうこともあるのです。何をやっても面白くなくなっていくという場合は、だいたいそういうものに多くとらわれているからです。

このような場合、ルールのミニマム性を追求する、つまり「何が大事なルールか、これだけは外せないものは何か」を取り出してきて、それはみんなできちんと守る。それ以外は、あまり硬直化しないよう、できるだけ広がりや融通《ゆうずう》をもたせていくこと。そうすることが、ルール共有関係を、より有効に構築するための作法なのです。

また、人によってルールに対する感覚がかなり違うということを理解しておくこともとても大切です。ルールに関しては、そういうものを守ることに抵抗感《ていこうかん》のない人、さらにルールを守っていることそれ自体に歓《よろこ》びを感じるような人と、そういうものに縛られることをとても嫌《いや》がる人がいます。あまり無意味にルールを増やしていくと、集団や組織全体のモチベーションが下がってボロボロと脱落者が増えていきます。そしてもっとも大事なものすらも守られなくなってしまいます。ルールを決める立場に置かれた人は、その辺の柔軟《じゅうなん》なバランス感覚が必要ですね。

第5章　熱心さゆえの教育幻想《げんそう》

この章は、対等な友だち関係というよりは、先生と生徒という上下のある非対称的な関係に焦点をあてています。

読者の中には「将来学校の先生になって、理想の教師像を目指したい」という人もいるかもしれません。あるいは将来子どもを持ち、保護者父兄の立場からあらためて学校の先生方とのお付き合いを持つ人だって多いでしょう。そんな皆さんの参考になるかもしれませんので、補論としてお読みください。

先生は生徒の記憶《きおく》に残らなくてもいい

私は教育大学で教えていますが、将来教師になる学生たちにいつも言うのが、「生徒の記憶に残るようなりっぱな先生をめざすことは、必ずしも必要ない」ということです。

学生の中には、「すばらしい恩師に出会ったことがきっかけで教師の道を志しました」という人が結構います。だから「自分もそんな先生になりたい」と。たしかに忘れられないすばらしい恩師に出会えた人は幸せです。でも、よくよく学生たちの話を聞くと、忘れられないとんでもなくヒドイ先生に出会ってしまった人の方が、数としては多いような気がします、残念ながら。

では、なぜ私は、「生徒の記憶に残るようなりっぱな先生をめざすことはない」なんて、頭から冷や水をあびせるようなことを学生に伝えようとしているのでしょうか。

私から言わせれば、先生というのは基本的には生徒の記憶に残ることを求めすぎると、過剰な精神的関与や自分の信念の押し付けに走ってしまう恐れがあるからです。だから生徒の心に残るような先生になろうとすることは無理にする必要はなく、それはあくまでラッキーな結果であるくらいに考えるべきで、ふつうは生徒たちに通り過ぎられる存在であるくらいでちょうどいいと思うのです。自分が受け持ったいろいろな生徒のなかで、とても幸運なことに「ああ、あの先生よかったな」と記憶に残してもらえたならば、それはもうラッキーこの上ない、満塁《まんるい》ホームランみたいなことなんだというくらいの構えでいいと思うのです。それを、文科省以下世間も父兄も、すべての教師に、人格の高い高邁《こうまい》な資質を求めているようで、それは困ると言いたいわけです。それこそ金八先生みたいなタイプこそあるべき先生だというのは、ちょっと違うんじゃないかなと。学園ドラマの先生のようなことをやろうとすると、生徒の内面を無理矢理いじることになるから、それはとても危険なことなんだよ、ということを学生たちには伝えています。最低限、「ああいう先生にだけはなりたくない」というマイナスの形で記憶に残るような先生、生徒の意識に一生消えないような嫌な記憶を残すような先生にだけはならないことの方が、よっぽど本質的で大切なことなのです。

「話せばわかる」も幻想

それから、今の学校の子どもに関するさまざまな問題は、いわば性善説だけで解決するのは難しいと思います。つまり「みんないい子なんです」だけでは、やっていけないということです。

どんな子どもでも、真剣《しんけん》にぶつかれば心を開いてくれる、というのはすごくラッキーで、私に言わせればやはり満塁ホームラン狙《ねら》いの発想なのです。常にホームランが打てるかといえばそんなことはありません。地道にヒットを重ねていくことが教師には求められているのです。

わかりあえないなと思ったときは、やはり距離《きょり》をとればいい。

先生は、基本的には自分がわかってもらえなくてもいいくらいの覚悟が必要なのです。本当にやらなくてはいけないのは、生徒たちに自分の熱い思いや教育方針を注入することよりも、自分の教室が一つの社会として最低限のルール性を保持できているようにすることです。

例えばいじめで自殺する子がいる学校というのは、どういう状況になっているのか。子どもが、生命の安全が保障されないようなところに毎日通わなければならないということです。これはイラクの危険地帯に行けといわれているのと同じようなことで、とん

でもない話なのです。

生命の不安を感じながら子どもが毎日学校に通うなどということは、それこそ社会的にはあってはならないことで、そういうことが起こらないように、先生は何よりもまず学校という空間における最低限のルール性の維持・管理をしなければいけないのです。いくら学校がつまらなくたって、一応そこへ行っても危害は加えられないことが保障されているのが当然で、それをきちんと管理することが先生の最低限の役割なのです。その意味で生命の危険に晒《さら》されてしまうような、もはや「いじめ」といった言葉では言い表されないような心的・肉体的暴力や傷害事件が、学校やクラスの現場で起きることは断固阻止《そし》しなければなりません。そうした最低限の共存の場としてのルール性を担保することが教師の務めであり、そこからプラスアルファの尊敬や敬愛を生徒から受けることができれば、それはもう儲けものなのです。

個性教育よりもまずやるべきこと

学校と言うのは、あえて単純化していえば個性的な子どもを育てる場ではありません。普通の社会人になるための基礎力を育てる場です。

個性的な人間、とりわけのちに「天才」などといわれるような傑出した能力を発揮するような人は、意識的に個性的にあろうとしてそうなっているわけではありません。一生懸命普通にしようとしているんだけど、そこからどうしても力量があふれ出してしまうから個性的な人間なのです。だから、たとえば「ノーベル賞を取れる人材を育てる」といったことを学校が目標にし標榜することは、ちょっと違うんじゃないかなという気がします。

本当に個性的な子どもというのは、本人は別に個性的にふるまおうとは思っていません。本人としては普通にしているつもりで、それでもなかなか普通にできなくて、人とは違う才能や天分があふれ出してきてしまうものなのです。むしろ自分の個性をコンプレックスに思っていたりしがちな場合だってあるのです。それに、本当の個性は、摘《つ》み取《と》ろうとしても簡単に摘み取れるものではありません（画一化された戦前の教育でも、天才は多く出ました）。

仮に個性的な、天才性を持った子どもがいたとして、「この子には特殊な才能があるな」ということを見抜く力量というのは先生には必要でしょう。でも天才を見つけて天才を育てようというのはちょっと違うと思います。

むしろ必要なことは、個性的な天才がいたとして、そういう人が最低限の社会的生活を送れるようにケアするのが先生の仕事なのです。天才というのは、往々にして普通の人とは変わっているため、その個性が社会的に受け入れられないことがあります。そこで、その人が潜在的にもつ能力が損なわれないように、社会生活を営むための最低限のルールを教えたりやるべきことを支えるのが先生の仕事です。

基本的に、先生は子どもの内面まではいじろうとする必要はないと思います。先生の仕事は、生徒のすべてに触れなくていいし、触れてはならない部分もあるのです。

先生であるからには、どうしても生徒の人格にまで影響を与えなければならないと思ってしまいがちですが、そんなふうに積極的に思わなくても、先生という存在は生徒の内面にかなりの影響を与えてしまうものです。生徒に一番大きな影響力をもつ「教育環《かん》境《きょう》」が先生という存在です。あの先生に教わったからこの教科が好きになった（あるいは嫌いになった）ということはよくありますよね。先生は生徒と関わる限り無色無臭ではいられないのです。しかし逆にいえば、生徒の人格の育成にまで、先生が責任をもつことは本当はできないのです。だって担任になったとしても、たかだか一年か二年のことです。その子どもに一生関われるわけではないのですから。つまり先生は、自分が帯びてしまう影響力の大きさと自分の影響力の責任の限界を、同時に見据えるクールな意識を持つことが求められているのです。

第6章　家族との関係と、大人になること

家族をとらえる二つのキーワード――「定位家族」と「生殖《せいしょく》家族」

ここまで、学校や一般《いっぱん》社会についてのお話をしてきましたが、若い人たちが成長して大人になっていくという場面を考えると、やはり生きる核《かく》としては、家庭というものが非常に大切であり、家族との関係の問題はとても重要です。

家族との〈つながり〉をとらえなおすということも、「親しさ」や「親密性」というものの本質を考える上で、大切になってくると思います。

本章では、家族の問題を考えます。

社会学では、家族を「定位家族」と「生殖家族」の二つに分けてとらえることがあります。

「定位家族」とは、family of orientationの訳語です。orientation《オリエンテーション》、つまり人間としての「方向づけ」がなされる家族のことです。平たく言えば自分が生まれ落とされた家族のことです。

「生殖家族」の原語は、family of procreationです。procreation《プロクリエーション》とは、出産、生殖の意味ですから、新しく結婚《けっこん》して、そして子どもを作っていく家族のことです。

つまり人間は、生まれてきて、結婚したとしたら、二つの家族を経験するわけです。一つは自分が親から生まれ、しつけや教育を受けて育つ「定位家族」、もう一つは自分が選択的《せんたくてき》に作っていく「生殖家族」です。

さて、自分が生まれてから今まで、家族（＝定位家族）との関係のとり方というものは、幼少期から思春期、そして青春期にかけて、やはり少しずつ変化していっています。そのことを、若い読者の皆《みな》さんはちょっとみつめ直してほしいのです。関係が変化しているのですから、それにしたがって、その都度現在の関係というものをとらえ直していかないと、やはり歪みが出てきてしまいます。

親の側ももちろん、子どもが変化していっていることに目配りをする必要があります。双方《そうほう》とも良好な関係を保っていくためには、お互《たが》いに関係のあり方の変化をとらえ直して、現在に一番フィットしたつながり方に適宜《てきぎ》すり合わせていく必要があるのです。

そのときのキーワードが、第1章で述べた「他者」あるいは「他者性」ということになります。

「自分以外の人間はすべて他者である」という規定が、第2章で私が示した他者の本質的な性格でした。けれど、親子の関係はその規定をすぐにそのままあてはめるわけにはいきません。親子の場合、子どもの誕生時には他者性というのはまったくゼロの状態だからです。

赤ちゃんは母親に代表される養育者の保護がなければ、まるで無力の存在です。ですから、親にとって——とりわけ文字通り自分の体を分けて子どもを産んだ母親にとって——子どもが「他者性」を持つ存在になるということは意識化されづらい傾向《けいこう》があるようです。しかしこれからみていくように、子どもは親にとって少しずつ他者性を帯びていく存在であり、またそうとらえていかないと、あとあと親子の関係が厄介《やっかい》なものになる危険があるのです。過保護や過干渉《かかんしょう》、依存《いぞん》をはじめ、いわゆる「親離《おやばな》れ、子離れできない」という問題は、この辺にも原因がありそうです。

つまり親子は、他者性ゼロからスタートして、やがて少しずつ他者性をお互いに認めるような方向に行かざるを得ません。

親の「包摂《ほうせつ》志向」と子どもの「自立志向」がぶつかり合う思春期

そして、思春期あたりでぶつかる問題があります。

このごろはさまざまなケースがあって一概《いちがい》にはいえませんが、ふつうは思春期あたりになってくると親の言うことを聞かなくなったり、親の価値観に疑いを持ったり、親とは違《ちが》う価値規範《きはん》を選択するといった行動をとるようになります。その程度が激しく現れたときに、いわゆる「反抗期《はんこうき》」ということになるわけです。親から自立しようという気持ち（＝自立志向）が子どもに出てきているのが原因です。

ところが、親にとっては子どもはいつまでも子どもですから、包《つつ》み込《こ》みたいという心理が残ってしまいます。とくに母親にはその傾向が強いことが多く、これを「包摂志向」と名づけましょう。

親の子に対する包摂志向と、子の親に対する自立志向というものがぶつかり合う時期が、思春期から青年期にかけて起こるのです。これはある意味、親子双方にとって必要な葛藤《かっとう》なのだろうと思います。

この時期に、それなりにきちんと葛藤したうえでうまくやりすごしていかないと、親子関係が変にこじれたり、悪い関係が長引いたりすることにもなります。でも上手にぶつかれば、その後に良い形に関係性が作り直されるのです。

喩《たと》えて言うなら、子どもにとって、親というのは〝多段型ロケット〟のようなものなのです。段階段階で、その外付け燃料は切り離されていかなくてはなりません。最初は第一段ロケットの強力な推進力で打ち上がるわけですが、子どもはやがて自分の力で進まなくてはいけないので、余分になった燃料タンクは段階的に切り離されなければならないわけです。私はそんなイメージで考えています。

子育てということをじっくり考え直してみると、特に子どもが思春期に近づくにつれて、じつは一見すると矛盾《むじゅん》した働きかけを、親は子にしなければならないことに気づきます。それはどういうことかというと、子どもが自立できる方向を見定めながら、丁寧《ていねい》に手間暇《てまひま》かけて育てなければならない、ということなのです。自立させるために手をかけるということは、正反対のベクトルを意識しながら子どもに働きかけをしなければならないわけなので、なかなか難しいことですね。

その辺を勘違《かんちが》いしている親御さんがいるような気がします。つまり、小学校高学年ぐらいになって子どもが自分の身の回りのことを一応全部できるようになったり、それなりに親と対等な口のきき方でコミュニケーションができるようになったときに、「もう子育ては終わった」あるいは「この子は私の手を離れた」と思ってしまう人が少なからず見受けられるのです。

とりわけ女の子をもつお母さんはそうした考えをつい持ってしまうことが多いようで

す。小学校から中学校にかけてくらいは男の子に比べて女の子の方が精神的発達も早い場合が多いですから。体も大きくなって発達してきて、口も達者になるとついつい親の方が娘になんでも頼ったり、口で言い負かされたりすることがあると「この子はもう私の手に負えない」――なんて弱気になったりするお母さんもいるようです。

しかし、じつはそのくらいの時期でも親の精神的ケアは引き続き必要なのです。口ではずいぶんませたことやモノが分かったようなことを言うようになっていても、内面ではまだまだ親に甘えたい気持ちや幼い心情を残したりすることが、小学校高学年から中学高生くらいにはよくあります。だからこの頃《ころ》になると、それまでとは違ったケアの仕方、気遣《きづか》いの仕方が必要になるということです。

つまり小学校の中学年くらいまでは、あまり自立や他者性といったことを意識しないで全面的に愛情を持って関わるということで良いのかもしれませんが、この時期くらいから思春期の時期になると、本人の自立志向をそれなりに尊重しながら、でも本当の自立はまだまだ先のことですから、しっかり根の張った自立的存在となれるように、まだまだ手をかけて育てなくてはいけないのです。

要は、大人になるための、自分の判断能力みたいなもの、他者との関係性を作っていける能力をきちんと作れるためのサポートをするように、親は子どもの支え方をより高度なものに変えていかなくてはなりません。**子どもが口で言っている表面的な言い方や勢いに惑《まど》わされず、自分の子がどの程度まで成熟してきているのだろうかということを見極めながら、子どもを支える力が親には求められるのです。**小学校高学年から中高生というのは、そういう時期だと思います。

大人になるということ

子どもから大人になっていくときにどんな問題が出てくるかと考えると、一つは今みてきたように家族の関係の問題があります。あと一つは、大人になるということ自体の難しさがあります。そういうものに、若い読者の皆さんは、今まさに直面しているんじゃないかなと思います。

では大人になるということは一体どういうことなのか。

よく言われることは、一つには「経済的自立」、もう一つは「精神的自立」ですね。

経済的自立についてもこのところ難しいことがいろいろあります。学校を出てもすぐには正規の職業になかなか就けなかったりして経済的に自立が難しかったりするのと、そもそも就学期間が以前に比べて格段に長くなって、大学進学はもちろん大学院への進学者も増えている結果、やはり経済的自立がなかなか出来ないまま大きくなるということもあります。昔なら高校あるいは中学校を卒業してすぐ経済的に自立した人たちも多かったのですが、今は三十歳くらいまで親がかりという人だってそう珍《めずら》しくはありません。

また精神的自立についていえば、このごろは、いつまでたっても精神的に大人になりきれていない人も多いようです。精神的自立ということをどのようにとらえるかにもよるのですが、私は「自分の欲求のコントロール」と「自分の行いに対する責任の意識」というものが重要な構成要素だと思っているのですが、この二つをキチンと兼《か》ね備《そな》えた大人というのはなかなか数少ないのかもしれません（じつはかくいう私もこの点に関してはまったく自信がありません）。

世間でもよく指摘《してき》されるこの二つの他に、大人であることとの重要な要素だなと私が思うのは、**「人間関係の引き受け方の成熟度」**というものです。それは、親しい人たちとの関係や公的組織などで、ある役割を与《あた》えられた中で、それなりにきちんとした態度をとり、他者と折り合いをつけながら、つながりを作っていけることだと思います。

百パーセント完全に大人というのはなかなか難しいことですが、若い人たちも単に経済的自立だけを指標とするのではなくて、精神的自立さらに人間関係の引き受け方の成熟度について自分なりにとらえなおしてみることも大切かもしれません。

君たちには無限の可能性もあるが、限界もある

大人になるためにかならず必要なことなのだけれど、学校では教えないことが二つあります。

一つは、先に述べた「気の合わない人間とも並存しなければならない」ということと、

そのための作法です。

もう一つ教えないことは何かというと、「君にはこういう限界がある」ということです。そもそも人間が生きているかぎり、多かれ少なかれ限界や挫折《ざせつ》というものは必ずやってくるものです。

それを乗《の》り越《こ》えるための心構えを少しずつ養っておく必要があるのですが、いまの学校では、「君たちには無限の可能性がある」というようなメッセージばかりが強くて、「人には誰《だれ》にでも限界がある」「いくら頑張《がんば》ってもダメなことだってある」ということまでは、教えてくれません。

子どもたちを傷つけてはいけないとか、子どもはみんな可能性を秘めているといった考えからなのか、いまの学校では、むかし以上に競争を最小限に抑《おさ》えようという雰囲気《ふんいき》があるようです。評価も本当はしているはずなのに、それが表からは見えにくいような工夫がなされています。でも、一方で社会はいま、むかし以上にものすごく競争がきつくなっている「評価社会」なのです。

こうしたズレがあるので、社会に投げ出されたときにものすごいギャップを感じてしまうわけです。挫折や限界にいきなりぶつけられたら、人はどうしていいか戸惑《とまど》ってしまうでしょう。学校にいる間だけは社会の辛《つら》い波風にはさらしたくないというのは、一見いかにも子どもたちのことを考えているようで、じつは本当のところで子どもたちの将来についてきちんと考えていない無責任な態度といえるかもしれません。

このギャップについては、卒業した私の教え子たちも、いろいろな形で言ってきます。だから、学校文化の中でもある程度、どんな人間にも限界があるということ、将来挫折《ざせつ》というものを体験したときにどうしたらいいのかということについて、知識としてもあるいは体験としてももっと教えてもいいのではないかと思います。「無限の可能性」だけを煽《あお》って、子どものセルフイメージを肥大化《ひだいか》させるだけでは、やはりまずいんじゃないかなという気がします。

それは家庭の教育においても同じことが言えると思います。

こうした問題に関連して、子どもたちにぜひ伝えなければならないなといつも考えていることが二つあります。

それはどんなに自分が出来ると思っていることにでも、世の中には必ず「上には上がいる」ということ、そして「どんな活動のジャンルにも、ものすごく努力して一流をめざそうとしている人とそうでない人たちがいる、活動のジャンルそのものには貴賤《きせん》はない」ということです。

勉強で良い成績をとったり、何かの活動で優れた評価をされたときには、もちろん褒《ほ》めてあげることはとても大事なことです。でも折に触《ふ》れて、世の中にはもっともっと優秀でもっともっと努力している人たちがいろいろな分野でたくさんいるということを子どもに教えることも、とても大切なことだと私は考えています。

自分がどんな狭《せま》い世界でもいいからとにかく一番でいたいという気持ちが強い子は確かに向上心があるという良い面がある反面、自分が一番になれない場合、自分より優れた人間の足を引っ張ろうとするような良くない面を持ちがちなものです。勉強が出来る子、親に大事に育てられていそうな子、ちょっと容姿がかわいい子などがいじめのターゲットにされがちな傾向がいま強いのは、こうした自分の限界や挫折を知らない子どもたち、あるいはなかば知っていながらそれを認めたくない子どもたち、教育者の諏訪哲《すわてつ》二《じ》さんの言葉を借りれば「オレ様化する子どもたち」が増えてきたからでしょう。

しかし大人になるにつれて、いろいろな挫折を経験して自分の限界を知ったり、自分より優れている人間がこの世にはたくさんいるということを知らされたり、自分が思っているほどには自分は大した人間ではないということをいやでも思い知らされたりします。

これを私は人生の「苦味」とよんでいます。こうした苦味に耐《た》え切《き》れずにルサンチマンの淵《ふち》に落ちたまま這《は》い上《あ》がって来れないような人間にだけはなって欲しくはないものです。

苦味というものをどうしても嚙《か》みしめざるをえないのが大人の世界なのです。

でもその苦味を味わうという余裕《よゆう》が出来てこそ、人生の「うま味」というものを自分なりに咀嚼《そしゃく》できるようになるのです。挫折の無い人生なんておよそ考えられません。どんなに優秀で、あるいは家庭的にも経済的にもとても恵まれているように見える人でも、必ずなにかしらの挫折を経験しているはずなのです。しかしそうは見えないとしたら、それは彼（あるいは彼女）がそうした挫折を自分の中で上手に処理して、その苦味をいつのまにか人生のうま味に変えてしまっているからなのです。「人が生きる」ということは本当にそういうものなのだと私は考えています（こうした点については、苅谷《かりや》剛彦《たけひこ》編『いまこの国で大人になるということ』（紀伊國屋書店）の私の担当の章で多少詳《くわ》しく書いています。参考にしていただければ嬉《うれ》しいです）。

例えば難しい仕事を何とかやりとげた喜びや、組織の中でそれなりにストレスなどを感じながらも評価されるとか、最初は自分には全然向かないと思った仕事がこなせたときに、「あ、自分って案外こういう分野でもできるのかな」というような知らない自分に出会ったりとか。そういううま味は、苦味の先にあるのです。一言で言うと「苦味を味わうことを通して味わううま味」というものを経験できるようになることこそが、大人になるということなのだと思うのです。

第7章　「傷つきやすい私」と友だち幻想《げんそう》

目上の人との距離感《きょりかん》

もう十年ぐらい前の話になりますが、当時私が勤めていた大学でコミュニケーション論を担当している女の先生がこんなことを言っていました。

――今の子たちはこちらが距離感を近くしてフレンドリーにすると、バーッと寄ってくる。ノックもしないで「先生！」と言って研究室に入ってくるようになる。そんなときに「ちょっと君、ノックぐらいしなさい」とか、「いま少し忙《いそが》しいから、オフィス・アワー（＝「この時間なら空いていますよ」と教員が学生に前もって知らせてある時間）の時間に来てくれるかな？」というように、少し注意をすると、とたんに距離を感じて、来なくなったり話さなくなったり、「先生、イメージと違《ちが》う」みたいに言われた――のだそうです。彼女はアメリカ帰りの先生だったので、とりわけ学生たちのその極端《きょくたん》な反応に戸惑《とまど》ったようです。

つまり、ある程度のルール性をふまえた上での、あるいは先生と生徒ということを意識した上での親密性の作り方が、いまの若い人たちはとても苦手なのですね。

それから、いま福祉系《ふくしけい》の専門学校でも授業をしているのですが、学生たちに「高校時代と今の自分が変わったのはどんなところですか?」というアンケートをとったところ、「高校時代は先生にもタメ口だったけれど、今は敬語に変わった」というのです。「部活のコーチだけには敬語で、あとはタメ口だったのが、専門学校に入って言葉遣《ことばづか》いや立《た》ち居振る舞《いふま》いまで注意されることによって、目上の人に対する話し方や振る舞い方を少し学びました」という学生が結構いるんですね。

高校時代までほとんど何か野放図にほっておかれているようで、社会に出たときに必要なそういう作法を、家でも学校でも大人が子どもたちにきちんと伝えていないのかなあと、子どもたちにやや同情したい気持ちになりました。

異質な他者とのつきあい

高校生ぐらいまでは、フィーリング共有性の高い、同世代で自分と同質の小さな集団のなかで自己完結し、そこで閉鎖的《へいさてき》な仲間集団を作って生活していることが多いと思います。

しかし、学校を卒業してやがて社会に出れば、自分たちと同じ属性を帯びる集団以外の、さまざまな世代や違う価値観をもった人たち、違う地方や、場合によっては外国からきた人たちなどと出会い、関係を作っていかなくてはなりません。

気が合うか合わないかというフィーリングの共有というよりは、役割を分担しながら一緒《いっしょ》に仕事をして業績を上げることが第一に重要になる「社会的な関係」にはいると、フィーリングの合う人とだけ付き合うというわけにはいきません。だからそれまでに、自分のなかに異質なものを取《と》り込《こ》めるようなある種の構え、というものが、自分の中にどうしても必要になってくるのです。

となると、やはり単に「こいつは俺と同じだ」という同質性だけに頼って友だちをつなげていくような親密な関係の作り方だけをしていると、いきなり社会に出たときにどうしても戸惑いが大きくなります。

異質なものをさまざまに取り込む力がないと、つながりを保てなかったり、異質な他者との交流といううま味も、味わえなかったりします。

やはり、関係の作り方のポイントとして、異質性、あるいは他者性というようなものを少しずつ意識して、それを通してある種の親しさみたいなものを味わっていくトレーニングを少しずつ心がけていくことが大切です。最初からというのは無理かもしれないけれど、少しずつ慣れていくのです。

「傷つきやすい私」とのつきあい方

さらにいえば、フィーリング共有性を重視してつながった関係の友だちでも、やはりその中にもフィーリングの違いが出てくることがあると思います。でもそれはそれとして、また違った形でフィーリングのつなぎ方をより深めていくきっかけとしてお互《たが》い認め合うべきです。ちょっとでも違うと、「あ、この人違う」となって、関係を保つ努力を放棄《ほうき》していては、人と関係を作る力もつきません。ある程度辛抱《しんぼう》強さがないと、どのみち人づきあいはうまくいかないものなのです。

人との関係を作っていきたい、つながりたいという積極的な思いが一方であり、でもやっぱり傷つくのはいやだといった消極的な恐《おそ》れ感情もある、それが人間です。私の印象では、若い世代であればあるほど、傷つきやすさというものを内面的に持っている人が増えているのかなあ、という気がしています。「傷つきやすい私」が増えているように思うのです。

「人とつながりたい私」と、でも「傷つくのはいやだという私」という一見すると矛盾《むじゅん》した自我のあり方と、自分自身でどう折り合っていけばいいのでしょうか。やはり基本的には、この人は自分にとって「信頼できる他者」だ、と思える人を見つけるということが絶対必要になると思います。

しかしその場合、信頼できる「私と同じ人」を探すというよりは、信頼できる「他者」を見つけるという感覚が大事です。

どういうことかというと、信頼はできるかもしれないけれど、他者なのだから、決して自分のことを丸ごとすべて受け入れてくれるわけではないということを、しっかり理解しておこうということなのです。

「友だち幻想」

さて、この点をもう一度確認しておきましょう。「自分のことを百パーセント丸ごと受け入れてくれる人がこの世の中のどこかにいて、いつかきっと出会えるはずだ」という考えは、はっきり言って幻想です。

「自分というものをすべて受け入れてくれる友だち」というのは幻想なんだという、どこか醒《さ》めた意識は必要です。でもそれは他者に対して不信感を持つことと決してイコールではないということは、ここまで読んでくれた皆さんになら、きっと理解していただ

けるはずですね。

価値観が百パーセント共有できるのだとしたら、それはもはや他者ではありません。自分そのものか、自分の〈分身〉か何かです。思っていることや感じていることが百パーセントぴったり一致《いっち》していると思って向き合っているのは、相手ではなく自分の作った幻想にすぎないのかもしれません。つまり相手の個別的な人格をまったく見ていないことになるのかもしれないのです。

きちんと向き合えていない以上、関係もある程度以上には深まっていかないし、「付き合っていても、何かさびしい」と感じるのも無理もないことです。

過剰《かじょう》な期待を持つのはやめて、**人はどんなに親しくなっても他者なんだということを意識した上での信頼感**のようなものを作っていかなくてはならないのです。

このことと少し関連するのですが、このところ、自分を表現していくことに対して、すごく恐れのある人が多くなっているのではないかと思うのです。

思春期というのは多かれ少なかれそういうものですが、それはなぜかというと、「百パーセントわかってもらいたい」とか、あるいは「自分の本当のところをすべてきちんと伝えたいじゃないか」と思ってしまうことが原因なのではないかと思います。それもやはり、「百パーセントの自分を丸ごと理解してくれる人がきっといるはずだ」という幻想を、知らず知らずのうちに前提しているためです。

むしろ「人というものはどうせ他者なのだから、百パーセント自分のことなんか理解してもらえっこない。それが当然なんだ」と思えばずっと楽になるでしょう。だから、そこは絶望の終着点なのではなくて希望の出発点だというぐらい、発想の転換《てんかん》をしてしまえばいいのです。

恋愛《れんあい》こそ幻想を持ちやすい

「百パーセント自分を受け入れてくれる誰かがいるはずだ」という幻想は、恋愛関係においてとりわけ抱きがちになるかもしれません。でも結局そうじゃないんだということを、人は失恋で学んだりするわけです。そして少しずつ大人になっていくのです。

「自分をぜんぶ丸ごと受け入れてくれる」ということを、**「絶対受容」**という言葉で表現したりしますが、この絶対受容性を、人間はついつい求めがちなのです。

たとえば女の子なら、それは「王子様願望」のような形で現れますよね。自分をすべて受け入れてくれて、どんなわがままでもニコニコ聞いてくれる王子様。でも王子様なんていないわけです。「だったら私は恋愛から降りる」ではなくて、王子様なんていないんだというところから、人を好きになることを始めるのが大切なのです。

男の子だったらやっぱり優しい母親のような存在でしょうか。子どものころのお母さんはやさしく何でも受け入れてくれて、自分のことを第一に配慮《はいりょ》してくれる存在であることが多い。「自分がこうしたい」と思うことは、いつも先回りして準備してくれる。でも、そういうものを同世代の異性に求めても、「キモイ」の一言で片付けられてしまいそうだ。だから「二次元」の世界に逃げてしまう、ということなのでしょうか。

アニメやゲームのキャラクターであどけない顔で胸のふくよかな女の子のイメージを時折見かける度に、男の子にとっては、幼くて脅《おびや》かしのない、しかも母性的なキャラクターが本当に理想なのだろうなあと思い知らされます。でも残念ながら現実の世界にはそんな女の子は、まずいないものです。

要は、親友にしても、恋人にしても、まるごとすべて受け入れてくれてるわけではないんだけれども、自分のことをしっかり理解しようとしてくれている人と出会う——そういうレベルで、私たちは他者を求め、しっかりと向き合って関係を深めていけることが、現実世界で〈生のあじわい〉を深めていくためには必要なことなのです。

第8章　言葉によって自分を作り変える

関係が深まらない「コミュニケーション阻《そ》害《がい》語《ご》」

他者との関係を深めるにあたって、自分が他者に対して「受身の立場」をとれるということも大事です。

受身の立場とは何かというと、相手が自分に働きかけてくれることに対して、それなりにきちんとレスポンスできるということです。

それは、決して百パーセント相手に合わせることではないし、百パーセント丸ごと受容できないからといって親しさがないということではありません。違《ちが》うところは違ってもいいのです。

でも、なるべくいろいろな人の言葉に耳を傾《かたむ》けるということが、関係作りのバランスを鍛《きた》えるいいトレーニングになると思います。

しかし、読者の皆《みな》さん、とりわけ若い皆さんがふだん何気なく使っている言葉（しかも使用頻度《ひんど》がかなり高いと思われる）に、きちんとした受身のレスポンスをとることをいつのまにか阻害《そがい》する働きをしてしまう言葉があります。

そのことに気づいたのにはこんなきっかけがありました。私の娘が小学校の中学年ぐらいになったときに、ムカツクとかうざいといったたぐいの言葉をよく使うようになりました。そのあたりから、友だちへのまなざしがどうもよくない、友だちをマイナスの面から見ることが多くなり、家族やまわりの人たちへのギスギスした態度が目についてきました。そこで、そうした言葉を使わないようにとアドバイスしてみました。その言葉にはいくつかあって、私はそれらをとりわけ子どもたちにとっての「コミュニケーション阻害語」と名づけて、気にかけるようになりました。

その理由は次のとおりです。

子どもから大人になるプロセスにある十代は、その人が他者とコミュニケーションを取り交わす作法を学び取る大切な時期です。私たちは他者である相手と言葉を交わすことによって、情報内容の伝達だけではなく、思いや感情といった情緒的側面の交感をも重ねます。そうしたコミュニケーションの過程のなかで、自分から相手をまなざすと同時に、相手から自分に向けられるまなざしを受け止めながら、〈いま・ここ〉の自分のあり方を振り返り、とらえ直す作法を学び取ります。

しかしこれから検討していく言葉群、私が「コミュニケーション阻害語」と名づけた一連の言葉は、そうした自分と相手の双方向のまなざしが自分自身のなかで交差することを、著しく阻害する危険性があると思うのです。自分から相手を一方的にまなざすばかりで、相手からのまなざしを回避《かいひ》してしまう道具としての性格を、こうした言葉はいつのまにか帯びてしまっているというのが、私の考えです。

もちろん私は、「こうした言葉を用いることを一律に禁止せよ」、といっているわけではありません。大人になって、状況《じょうきょう》判断や相手との間合いの取り方などに長《た》けてくれば、時と場合によっては、冗談《じょうだん》半分で使うこともあるでしょう。でも他者とのコミュニケーションの作法をこれから学び取り、状況に応じた相手との距離の感覚やきちんとした向き合い方を身につけていかなければならない十代の若者たちにとって、これから取り上げる言葉群は、異質な他者ときちんと向き合うことから自分を遠ざける、いわば〈逃げのアイテム〉としての機能をもち、そうした言葉を多用することによって、知らず知らずのうちに他者が帯びる異質性に最初から背を向けてしまうような身体性を作ってしまう危険性があることを、私は指摘したいと思うのです。

①「ムカツク」と「うざい」

阻害語の代表的なものが、「ムカツク」と「うざい」という二つの言葉です。

この言葉は、このところ若者を中心にあっという間に定着してしまった感のある言葉です。「ムカツク」とか「うざい」というのはどういう言葉かというと、自分の中に少しでも不快感が生じたときに、そうした感情をすぐに言語化できる、非常に便利な言語的ツールなのです。

つまり、自分にとって少しでも異質だと感じたり、これは苦い感じだなと思ったときに、すぐさま「おれは不快だ」と表現して、異質なものと折り合おうとする意欲を即座に遮断してしまう言葉です。しかもそれは他者に対しての攻撃の言葉としても使えます。「おれはこいつが気に入らない、嫌《きら》いだ」ということを根拠もなく感情のままに言えるということです。ふつうは、「嫌いだ」と言うときには、「こういう理由で」という根拠を添《そ》えなければなりませんが、「うざい」の一言で済んでしまうわけです。自分にとって異質なものに対して端的《たんてき》な拒否をすぐ表明できる、安易で便利な言語的ツールなわけですね。

だから人とのつながりを少しずつ丁寧《ていねい》に築こうと思ったとき、これらの言葉はなおさら非常に問題を孕《はら》んだ言葉になるのです。

どんなに身近にいても、他者との関係というものはいつも百パーセントうまくいくものではありません。関係を構築していく中で、常にいろいろな阻害要因が発生します。他者は自分とは異質なものなのですから、当然です。じっくり話せば理解し合えたとしても、すぐには気持ちが伝わらないということもあります。そうした他者との関係の中にある異質性を、ちょっと我慢《がまん》して自分の中になじませる努力を最初から放棄《ほうき》しているわけです。

つまり「うざい」とか「ムカツク」と口に出したとたんに、これまで私が幸福を築くうえで大切だよと述べてきた、異質性を受け入れた形での親密性、親しさの形成、親しさを作り上げていくという可能性は、ほとんど根こそぎゼロになってしまうのです。これではコミュニケーション能力が高まっていくはずがありません。

もっとも、流行語になるずっと以前から、「むかつく」とか、「うざったい」という言葉はありました。でもあまり日常語として頻繁に現れるということはありませんでした。なぜかといえば、現在の状況のように、すぐに「ムカツク」とか「うぜー」と表現することを許すような、場の雰囲気というものがなかったのです。でも今はあります。「ムカツク」「うざい」が頻繁《ひんぱん》に使われる以前はどうしていたのでしょうか。私たちの世代でも今の若い人たちと同じように、ムカついたり、うざいという感情を持つことはあったはずです。でもそれを社会的に表現するには、それだけの理由、相手に対するそういう拒絶を表現してもいいのだという根拠を与《あた》える理由がないと言えないという雰囲気があったわけです。

それが今は、主観的な心情を簡単に発露《はつろ》できてしまうほど、社会のルール性がゆるくなってしまったのだと思います。昔は、そんな言葉はきちんとした正当性がない限り、言ってはいけないという暗黙《あんもく》の了解《りょうかい》がありました。だから、いくらムカついてもグッと言葉を飲み込んでおくことによって、ある種の耐性がうまく作られていったと思うのです。

さて、ここで私の娘の話に戻《もど》るのですが、こうした言葉を言わなくなってから人に対する彼女の態度がハッキリ変わりました。自分が気に入らない状況やまるごと肯定《こうてい》してはくれない他者に対してある程度耐性《たいせい》が出来上がったようなのです。それは単に年齢《ねんれい》が上になったからとか、少し大人になったからといった自然成長的な変化ではありません。彼女の内面で確実に何かが変ったのだと思います。

友だちとのコミュニケーションを深くじっくり味わうためにも、自分の内面の耐性を鍛えるためにも、「ムカツク」「うざい」という言葉はやはり使わないほうがいいでしょう。

②「ていうか」

先の二語に比べれば阻害度はやや低めではありますが、「ていうか」という言葉がありますね。

これは、それまでの相手の話をまったく引き受けずに、話題を変えていくことによって、うわべだけ会話をつなげていくマジック・ワードです。

親密な感じのノリとかリズムみたいなものはたしかに残っているんだけれども、よく聞いてみると内容は全然つながっていかないわけです。お互いのコミュニケーションの深まりを初めから期待していないような、きちんとした他者との向き合い方を築く機会を自分たち自身の手で奪《うば》い去っていくような言葉です。

③「チョー」「カワイイ」「ヤバイ」

もう一つ、「チョー」という接頭語と、「カワイイ」という形容詞があります。「チョー」は私もときどき「チョー何々」などと言っては、子どもたちから笑われるのですが、便利は便利なので、very の意味で強調するときに使ってしまいます。「カワイイ」は、とくに女の子がプラスの意味で評価するものをほとんど「カワイイ」って言ったりしていますね。またこのごろはとりわけ長幼《ちょうよう》の序《じょ》（＝年長者と年少者の間の一定の秩序）を無視する形で、若い女の子が年配者をつかまえて「おじさん（おばさん）、カワイイよね」などということがありますよね。若い人たちなりの「親しみ」の表現なのでしょう。けれど、言っているほうはバカにしているつもりはないのに、言われた方はなんとなく小バカにされたような気がしてちょっと不快に思ったりして、思いもよらないジェネレーションギャップが生じる場合もあるようです（でもこのごろは若い子に「カワイイ」と言われて嬉《うれ》しがるオジサンも増えているようなので、一概《いちがい》にはいえないようですが）。

もちろんこの二つの言葉は、それ自身はそんなに悪い言葉ではありません。でも私があえてこれらを「阻害語」の仲間に入れたのは、「チョー」や「かわいい」を連発することによって、物事に対する繊細《せんさい》で微妙《びみょう》な感受能力がいつのまにか奪われてしまう危険性を感じるからです。たとえば、自分にとって好ましいと感じる対象を、ほとんどすべて「カワイイ」という語で間に合わせてしまうということは、そうした対象がそれぞれに持っている特徴《とくちょう》の間の微妙な差異を感覚できない鈍さを、知らず知らずのうちに帯びてしまうことにつながると思うのです。

あるいは、もっと広範《こうはん》な意味をカバーする言葉で、最近は「ヤバイ」というのがあります。これなどはプラスの意味でもマイナスの意味でも、とにかく「程度がはなはだしい」ことはみんなこの言葉で間に合ってしまう万能語のようです。「どう?」と聞いて「ヤバイ」という答えが返ってきても、字面だけでは意味がわかりません。その場の空気の流れや、表情で読み取るしかない言葉です。これも、「ノリ」で使う言葉に入るのでしょう。

④キャラがかぶる、KY（空気読めない／空気読め）

もうひとつ、大学生の会話を聞いていて興味深い言葉遣《ことばづか》いがありました。

それは、「キャラがかぶる」という表現です。「あいつは俺とはキャラがかぶるからやりにくい」などと言っているのですが、「キャラ」などといわれるような、ある種の場の期待に合わせた自分の表現の仕方を、いまの若い人たちはすごく意識しているようですね。

ＫＹ（空気読めない／空気読め）なんていう言い方も、このところ時折聞いたり、ネットでみかけたりしますね。場の空気に合わせた振る舞《ふるま》いや表現をことさら要求される雰囲気がいまの若い人たちの間では広がっているようです。確かに周りの人の状況や雰囲気を全く無視して自分勝手に振舞うことは問題でしょうが、しかしあまりに周りに合わせよう、合わせようとする振る舞い方は、かえって人とのつながりのなかで自分自身を疲れ果てさせてしまう危険があると思うのです。

こうしたことは、自分が人からどう見られるかということに対してすごく敏感なあまり、自分としてのある種の核心《かくしん》というか、「自分はこうなんだよ」と素で相手に示すことに恐怖感《きょうふかん》が大きくなりすぎているのだと思います。それって寂《さび》しいなという感じが、私には少しありますね。

もっとも④で取り上げたような言葉は、消費速度が速くて、すぐに古くさくなってしまうかもしれません。でも入れかわりたちかわり、こうした言葉は流行《はや》ってはまた廃《すた》れていくことを繰《く》り返《かえ》すに違いありません。

言葉を得なければ、世界も自分もとらえられない

でも、ちょっと考えてみてほしいのです。

言葉というのは、自分が関わっていく世界に対していわば網《あみ》をかけて、その世界から自分たちなりの「意味」をすくいとることによって、自分たちの情緒《じょうちょ》や論理を築き上げていく知的ツールなのです。自分が世界をどう見て、どう感じているのか。そこを、自

分なりの言葉ですくいとってくると、いろいろなものが得られるのです。

しかし、いま取り上げた「阻害語」群は、人間の情緒や論理を築き上げていくための網の目としては、あまりにも粗《あら》すぎるのです。

人間が「生きる」ということにとって、もっとも本質的な核である「生のあじわい」というのは、五感を通して世界を味わい感じることなのですが、そういう情緒の深度というものが、「阻害語」を使うことによって、知らず知らずのうちにすごく浅いものになってしまっている感じがするのです。それがとても気になるところです。

コミュニケーションに関する不安感というのは、じつはこうした空疎《くうそ》な言葉遣いから発生しているのかもしれません。あるいはこうした言葉がいわば日常的なコミュニケーションの中心語になることによって、ますます不安感が助長されることもあるでしょう。

こういう不安感から脱却《だっきゃく》するための、手っ取り早くて楽な近道はありません。それなりの労力を伴《ともな》います。そのためには生のあじわいの深度を深めることにつながる言葉を、少しずつ地道に自分のものにしていくことがまずなにより必要になるのです。そうした言葉のストックが増えていけば、それまで漠然《ばくぜん》としていた自分の問題に、なんとなく輪《りん》郭《かく》をつけてとらえられるようになります。もちろんそのことが自分自身のなかのもやもやした不安感を解消することにすぐにつながるとは限りませんが、でも、自分の生きている形のようなものの輪郭をとらえる手がかりをつかむことはできますから、自分が何を恐《おそ》れ、何に不安を感じているのかが少しずつ見えてきます。社会学の用語でいうと、「自己対象化」あるいは「セルフモニタリング」の力を身につけることによって、**自分と他者とのつながり、自分と社会との関係が少しずつ見えてくる**ようになるのです。

そして情緒や論理の深度を深める言葉を増やすためには、やはり読書が一番の早道だということになります。

読書は対話能力を鍛える

直接的に目に入ってくる「活字」に気をとられてよくわからないことが多いのですが、本を読むことの本質とは、じつは筆者との「対話」にあるのです。

教育学者の齋藤孝《さいとうたかし》さんがいろいろなところで述べていますが、読書で何がすばらしいかというと、たとえば極端《きょくたん》な話、源氏物語や、万葉集でも平家物語でも何でもいいのですが、千年以上前の人間、しかも歴史を代表する知性や感性を持った大人物とだって対話が、で、き、る、ということなのです。あるいはドストエフスキーやトルストイを読むということは、時代が百年以上違う、しかも外国の、直接には決してコミュニケーションをとることがまったく不可能な天才たちと対話をしているということです。

目で活字を追いながらも、筆者の声が聞こえてくる感じがつかめることが、本を読めばいつでもというわけにはいきませんが、確かにあります。

そのことを本当に実感したことがあります。

私はゲオルク・ジンメルという約百年前ドイツで活躍《かつやく》した社会学者の研究を専門にしていて、数年前に『ジンメル・つながりの哲学』（NHKブックス）という本を書きました。その作業中、まさに百年前にドイツで生きたジンメルという人間と、「どうなの？これどうなの？」という会話をしている実感があったのです。たしかにそこまでのめり込《こ》むにはそうとうな集中力を要します。でも、真剣《しんけん》にある程度耳を傾《かたむ》けようとすれば、〈いま・ここ〉にはいない著者と、いつのまにか直接対話しているような感覚を味わえることもあるのです。

みなさんでしたら、大好きな小説家、詩人、歴史上の人物でもいいでしょう。本の世界に没頭《ぼっとう》していくと、文字を通して、書き手や登場人物の肉声がなんとなく聞こえてくるような感覚、コミュニケーションがだんだん双方向になっていく感覚が生じてくることがあるのです。

もちろん本を読めばいつでも、というわけにはいきません。でも、私が『つながりの哲学』を書いていたときは、「ジンメルだったら今の日本をどういうふうに見るんだろうな」というようなことを、ずっと考えながら執筆《しっぴつ》していたので、なんとなく彼がいつのまにか今の時代にタイムスリップしてきて、今の日本を見ながら私に語りかけてくれているような気分になっていました。

コミュニケーションの本質って、じつはこういうところにあるんじゃないかと思います。

苦しさを通して得られるもの

具体的な人との関係でも、漫然《まんぜん》と言葉を交わしているだけではだめなのです。ちょっと心地よくなくなると、すぐその場を放棄《ほうき》できてしまう言葉がいくつも準備されていて、自分の感覚的なノリとかリズムとか、そういうものの心地よさだけで親しさを確認していると、やはり関係は本当の意味で深まっていきません。料理でいうと「苦み」のない、ただ甘いだけの料理を求めてしまう感じですね。

ノリとリズムだけの親しさには、深みも味わいもありません。そればかりか、友だちは多いのに寂しいとか、いつ裏切られるかわからないとか、ノリがちょっと合わなくなってきたらもうダメだとか、そういう希薄《きはく》な不安定な関係しか構築できなくなるのではないかと思います。

読書のよさは、一つには今ここにいない人と対話をして、情緒の深度を深めていける

こと。しかも二つ目として、くり返し読み直したりすることによって自分が納得するまで時間をかけ理解を深めることができること（実際の会話では「えっ、今なんて言ったの。もう一度言ってみて」、なんて何度も聞きなおすことはできませんものね）。あと三つ目としては、多くの本を読むということは、いろんな人が語ってくれるわけですから、小説にしても評論にしても、「あ、こんな考え方がある」「ナルホド、そういう感じ方があるのか」という発見を自分の中に取り込めるということ。実際のつき合いではそんなにいろいろなキャラクターの人とコミュニケーションすると「人疲れ」することがありますよね。でも本を読む上では作者でも登場人物でも、いろいろな性格の人と比較的《ひかくてき》楽に対話することができます。その結果、少しずつ自分の感じ方や考え方を作り変えていくことができるわけです。そういう体験を少しずつ積み重ねることは、多少シンドイ面もありますが、慣れてくると、じつはとても楽しい作業になるのです。

楽《らく》しても楽《たの》しくない

こうしたことに関係があるキーワードとして、「楽（ラク）」と「楽しい」という二つの言葉を対比させて考えることができると思います。

「楽（ラク）」も、「楽しい」も、漢字は同じですよね。

この二つの意味するところは、一致《いっち》する場合もあるけれど、でも必ずしもまったく重なるというわけではありません。

ラクして得られる楽しさはタカが知れていて、むしろ苦しいことを通して初めて得られる楽しさのほうが大きいことがよくあるのです。

苦しさといっても、別に大げさなことである必要はありません。

私は青森県の弘前《ひろさき》市に住んでいたことがあるのですが、弘前公園は桜で有名で、どうせなら一番きれいな桜を見たいなと思ったことがありました。でも夜は花見の宴会《えんかい》をやってゴタゴタしていて、昼は昼で人が多い。桜そのものの美しさと静かに向き合いたいのにそれができない。いっそ思い切って早朝五時ごろに見に行こうと思い立ちました。

じつは私は夜型人間で早起きは大の苦手なのですが、その日だけはなんとか頑張《がんば》って早起きをすることができました。眠い目をこすりながら公園に行ってみると、きれいな澄《す》んだ空気と静寂《せいじゃく》の中に、ソメイヨシノがふわっと咲《さ》いて浮《う》かび上《あ》がる姿が、なんとも荘《そう》厳《ごん》で美しいものでした。静かな雰囲気で本当に美しい桜を見てみようと思い立ち、ラクをせずに早起きするというちょっとだけ苦しい思い（じつは私としては相当頑張ったのですが！）をしてみると、「なるほどこういうすばらしい体験が待っているんだなあ」と、そのときつくづく思ったものです。

「ちょっと苦しい思いをしてみる」ことを通して、本当の楽しさ、生のあじわいを得るという経験はとても大切なんじゃないかと思うんです。ラクばかりして得られる楽しさにはどうも早く限界（飽《あ》き）が来るような気がします。けれどちょっと無理して頑張ってみることで得られた楽しさは、その思いがとても長続きして、次に頑張る力を支えるエネルギーにもなります。かといって、ものすごく大変な苦しみばかりでは、疲れて嫌《いや》になってしまいますよね。どの程度の努力、どの程度の頑張りが、本当の楽しさをあじわうきっかけや力になるのかということを若い人たちにアドバイスしたり、自分で手本となって示せることも、「大人」といわれる人びとのとても大切な社会的役割だと思うのです。

こうしたことは、人間関係にだってあてはまると考えられます。他者への恐れの感覚や自分を表現することの恐れを多少乗《の》り越《こ》えて、少々苦労して人とゴツゴツぶつかりあいながらも理解を深めていくことによって、「この人と付き合えて本当によかったな」という思いを込めて、人とつながることができるようになると思うのです。

おわりに――「友だち幻想《げんそう》」を超《こ》えて

「友だちをつくろうとすることなんてしょせん幻想にすぎない、無駄《むだ》なことだ」――ここまでお付き合いいただいた読者の皆《みな》さんにはおわかりのことだとは思いますが、私は、このような寒々とした虚無的《ニヒリスティック》な主張がしたかったわけではありません。「友だち」という言葉に象徴《しょうちょう》される身近な人びととの親しさや、情緒《じょうちょ》をともに共振《きょうしん》させながら「生《せい》」を深く味わうためには、これまでの常識をちょっと疑《うたが》って、人と人との距離《きょり》の感覚についてほんの少しだけ敏感《びんかん》になった方がいいのでは、ということを述べたかったのです。

そして、この「友だち幻想」は、じつは私自身が今でもついつい抱いてしまう心持ちなのです。

友だち幻想は私自身にとっても、今なお現在進行形の問題です。友だち幻想からなんとか距離を取り、リアルな現実のなかで他者とつながりながら、じっくり深い〈生のあじわい〉を築いてゆきたいという思いが、私にはあるのです。そのための処方箋《しょほうせん》のようなものを皆さんといっしょに考えてゆきたい、というのがこの本のテーマだったのです。

書き進めているなかで、これまでつながりを持った多くの方々のお顔が目にうかんできました。地域調査に出かけた際に仕事や家族をめぐっていろいろお話いただいた現地の皆さん、授業や研究室で本音をぶつけて対話したゼミ生を中心にした教え子たち、学校現場で起こる出来事を具体的に伝えてくれる小中学校の先生方――いろいろな場でお会いしたこうした様々な方々に共通する問題として、他者とのつながりをどう築いていくかという問いが置かれていたように思います。ある人たちはとても絶妙《ぜつみょう》な距離感覚を持って他者とのつながりを上手に作っており、若い人たちを中心にある人たちは、とりわけ身近な他者とのつながりの中で思い悩《なや》んでいました。多くの人たちとの具体的な対話をベースにして、人と人との〈つながり〉について道筋をたてて考察したのがこの本です。多くのヒントを与《あた》えてくれた皆さまに改めて感謝申し上げます。

最後になりますが、筑摩《ちくま》書房《しょぼう》の吉崎宏人《よしざきひろと》さんの熱意あるお誘《さそ》いとスムースな段取りのおかげで、とても楽しく仕事をすることができました。また箸井《はしい》地図《ちず》さんには、若い人たちの感覚にフィットする、とても素敵なイラストを描《か》いていただきました。どうもありがとうございました。

挿画／箸井地図

ちくまプリマー新書

ちくまプリマー新書

X01
包帯クラブ
——The Bandage Club
天童荒太
傷ついた少年少女たちは、戦わないかたちで、自分たちの大切なものを守ることにした……。いまの社会をいきがたいと感じている若い人たちに語りかける長編小説。

036
サルが食いかけでエサを捨てる理由《わけ》
野村潤一郎
人間もキリンも首の骨は7本。祖先が同じモグラにも処女膜がある。人間と雑種ができるサルもいる⁉——動物を知れば人間もわかる、熱血獣医師渾身の一冊！

054
われわれはどこへ行くのか？
松井孝典
われわれとは何か？ 文明とは、環境とは？ 生命とは？ 世界の始まりから人類の運命まで、これ一冊でわかる！ 壮大なスケールの、地球学的人間論。

061
「世界征服」は可能か？
岡田斗司夫
アニメや漫画にひんぱんに登場する「世界征服」。だが、いったい「世界征服」とは何か。あなたが支配者になったとしたら？ 思わずナットクのベストセラー！

067
いのちはなぜ大切なのか
小澤竹俊
いのちはなぜ大切なの？——この問いにどう答える？ 子どもたちが自分や他人を傷つけないために、どんなケアが必要か？ ホスピス医による真の「いのちの授業」。

chikuma primer shinsho

ちくまプリマー新書079

友《とも》だち幻想《げんそう》　人と人の〈つながり〉を考《かんが》える

二〇〇八年三月　十　日　初版第　一　刷発行
二〇一八年九月二十五日　初版第二十九刷発行

著者　菅野仁（かんの・ひとし）

装幀　クラフト・エヴィング商會

発行者　喜入冬子

発行所　株式会社筑摩書房
東京都台東区蔵前二-五-三　〒一一一-八七五五
電話番号　〇三-五六八七-二六〇一（代表）

印刷・製本　株式会社精興社

ISBN978-4-480-68780-7 C0236 Printed in Japan